项目管理
理论与实践

王江容 著

东南大学出版社
SOUTHEAST UNIVERSITY PRESS
·南京·

图书在版编目(CIP)数据

项目管理理论与实践 / 王江容著. —— 南京：东南大学出版社，2023.4

ISBN 978-7-5766-0654-6

Ⅰ.①项… Ⅱ.①王… Ⅲ.①项目管理 Ⅳ.①F27

中国版本图书馆 CIP 数据核字(2022)第 253804 号

责任编辑：陈 淑　　责任校对：张万莹　　封面设计：顾晓阳　　责任印制：周荣虎

项目管理理论与实践

著　　者	王江容
出版发行	东南大学出版社
社　　址	南京市四牌楼 2 号(邮编:210096)
经　　销	全国各地新华书店
印　　刷	广东虎彩云印刷有限公司
开　　本	700 mm×1000 mm　1/16
印　　张	16
字　　数	288 千字
版　　次	2023 年 4 月第 1 版
印　　次	2023 年 4 月第 1 次印刷
书　　号	ISBN 978-7-5766-0654-6
定　　价	78.00 元

本社图书若有印装质量问题，请直接与营销部联系，电话:025-83791830。

序

项目管理的理论来源于实践,也要用于实践,得到实践的检验。

每一个项目的管理,都会给管理者带来各种各样的挑战,应对稍有不慎,就可能造成无法挽回的损失,甚至是项目的彻底失败。本书作者是建设工程项目管理的优秀实践者,曾与我在"中国国家博物馆改扩建工程"中负责全过程项目管理,他在北京长安街、金融街的多个大型复杂项目中负责全面管理,积累了丰富的项目管理实战经验。

项目管理者,尤其是大型项目的负责人,除了勤奋努力,还必须要掌握一套可以指导项目管理实践的科学方法,以增强预见性、计划性,让参建各方能围绕共同的目标、计划、管理体系,有条不紊地开展工作,以避免走弯路,及时规避风险,实现预期的项目目标。

本书力求理论与实践的统一,达到知行合一的目标,紧扣美国项目管理协会的《项目管理知识体系指南》的标准、方法,从项目管理过程组、各项目管理知识领域逐项展开,结合项目管理实践的丰富经验,给出指导性的方法、流程。如采用WBS分解的模板法对很多具体问题给出非常具体的分析。又如项目经理常犯的错误,其中认知错误、时间浪费等事项,让我回想到自己刚做项目经理时的状态。

好的项目管理能产生效益,差的项目管理会造成损失。相信科学的项目管理理论,相信反复实践总结的经验,不要再犯前人曾犯过的错误,尤其是本书中已经指出的。建议大家在阅读本书时,能联系自己现实中的项目管理工作,把好的方法用上,并把用的心得记录下来,不断丰富项目管理的理论,改进项目管理的实践。

希望本书能给项目管理者有益的启迪,大家通过阅读、实践,能够丰富"项目管理的理论与实践"。

高宝东

2022 年 10 月 8 日

目 录

第1章 概述 ··· 001
    1.1 关键术语和概念 ·· 001
    1.2 项目管理的意义 ·· 002
    1.3 工程项目周期 ·· 005
    1.4 项目管理的基本要素 ·· 006

第2章 项目运行环境 ··· 010
    2.1 外部环境 ·· 010
    2.2 内部环境 ·· 011
    2.3 组织系统 ·· 011

第3章 项目管理的原则 ··· 014
    3.1 遵守法律的原则 ·· 014
    3.2 遵守合同的原则 ·· 042
    3.3 遵守职业道德的原则 ·· 047

第4章 项目经理的角色 ··· 051
    4.1 项目经理的能力要求 ·· 051
    4.2 项目经理常犯的错误 ·· 056
    4.3 项目经理的权力 ·· 058
    4.4 项目经理的选择 ·· 063

第5章 项目规划管理 ··· 065
    5.1 制定项目章程 ·· 067

5.2 制订项目管理计划 …………………………………………………… 072
5.3 监控项目工作 ………………………………………………………… 077
5.4 结束项目或阶段 ……………………………………………………… 083

第6章 项目范围管理 …………………………………………………… 089
6.1 规划范围管理 ………………………………………………………… 090
6.2 定义范围 ……………………………………………………………… 092
6.3 创建 WBS …………………………………………………………… 095
6.4 控制范围 ……………………………………………………………… 099

第7章 项目进度管理 …………………………………………………… 103
7.1 规划进度管理 ………………………………………………………… 103
7.2 制订进度计划 ………………………………………………………… 106
7.3 控制进度 ……………………………………………………………… 116

第8章 项目成本管理 …………………………………………………… 121
8.1 规划成本管理 ………………………………………………………… 122
8.2 估算成本 ……………………………………………………………… 124
8.3 制定预算 ……………………………………………………………… 129
8.4 控制成本 ……………………………………………………………… 132

第9章 项目质量管理 …………………………………………………… 137
9.1 规划质量管理 ………………………………………………………… 138
9.2 管理质量 ……………………………………………………………… 143
9.3 控制质量 ……………………………………………………………… 147

第10章 项目资源管理 …………………………………………………… 151
10.1 规划资源管理 ……………………………………………………… 152
10.2 管理资源 …………………………………………………………… 156
10.3 控制资源 …………………………………………………………… 162

第 11 章　项目沟通管理 …… 166
11.1　规划沟通管理 …… 167
11.2　管理沟通 …… 171
11.3　监督沟通 …… 176

第 12 章　项目风险管理 …… 179
12.1　规划风险管理 …… 179
12.2　识别风险 …… 186
12.3　实施风险应对 …… 193

第 13 章　项目采购管理 …… 196
13.1　规划采购管理 …… 197
13.2　实施采购 …… 204
13.3　控制采购 …… 209

第 14 章　项目相关方管理 …… 215
14.1　识别相关方 …… 216
14.2　规划相关方参与 …… 220
14.3　管理相关方参与 …… 224

第 15 章　职业健康、安全与环境管理 …… 229
15.1　规划 HSE 管理 …… 230
15.2　管理 HSE …… 235
15.3　控制 HSE …… 238

附录　项目管理文件列表 …… 242

主要参考文献 …… 248

第 1 章 概　述

所谓项目管理，就是项目的管理者在有限的资源约束下，运用系统的观点、方法和理论，对项目涉及的全部工作进行有效的管理，即从项目的投资决策开始到项目结束的全过程进行计划、组织、指挥、协调、控制和评价，以实现项目的目标。

项目管理是第二次世界大战后期发展起来的新管理技术之一，最早起源于美国。20世纪60年代，项目管理的应用范围还只是局限于建筑、国防和航天等少数领域，但因为项目管理在美国的阿波罗登月项目中发挥了重大作用，由此风靡全球。国际上许多人开始对项目管理产生了浓厚的兴趣，并逐渐形成了两大项目管理的研究体系：一个是以欧洲为首的体系——国际项目管理协会（IPMA）；另一个是以美国为首的体系——美国项目管理协会（PMI）。在过去的30多年中，他们的工作卓有成效，为推动国际项目管理现代化发挥了积极的作用。

1.1　关键术语和概念

（1）成果。某一过程或项目的最终结果或后果。

（2）项目。为创造独特的产品、服务或结果而进行的临时性工作。项目的临时性表明项目工作或项目工作的某一阶段会有开始也会有结束。项目可以独立运作，也可以是项目组合的一部分。一个项目可以被看成是具有以下特征的一系列活动和任务：

① 有一个在特定计划内要完成的具体目标；

② 有确定的开始时间和结束时间；

③ 有经费限制；

④ 消耗人力和非人力资源（如资金、人员、设备）；

⑤ 多职能（如横跨几条不同部门的职能线）。

（3）项目阶段。两个主要项目里程碑之间的时间段。组织在实施项目时，通常会将每个项目分解为几个阶段，以便更好地管理和控制，并将正在进行的工程与整个项目更好地结合起来。项目每个阶段都以一个或一个以上工作成果的完成作为标志。

（4）工程项目。本书所讲的工程项目，主要是指为了形成特定的生产能力或使用效能而进行的投资和建设，并形成固定资产的各类项目，包含建筑安装工程和设备购置。

（5）工程项目管理。运用科学的理念、程序和方法，采用先进的管理技术和现代化管理手段，对工程项目投资建设进行策划、组织、协调和控制的系列活动。

（6）项目经理。由执行组织委派，领导项目团队实现项目目标的个人。项目经理履行多种职能，例如引导项目团队工作以实现成果，管理流程以交付预期成果。

1.2 项目管理的意义

项目管理就是将知识、技能、工具和方法应用于项目活动，以满足项目的要求。项目管理通过合理运用与整合特定项目所需的项目管理过程得以实现。项目管理使组织能够有效且高效地实施项目。

1.2.1 项目管理的重要性

有效的项目管理能够帮助个人和组织实现以下目标：

（1）达成业务目标；

（2）满足相关方的期望；

(3) 明确岗位职责,无论人员如何变动,保证所有的活动都在计划中;

(4) 让企业用更少的人力在更短的时间内完成更多的工作;

(5) 在适当的时间交付正确的产品;

(6) 尽早明确项目的各项问题,以便问题发生时可以采取正确行动;

(7) 及时应对风险;

(8) 优化组织资源的使用,让组织更有效率和效果;

(9) 知道何时目标无法实现或将超额完成;

(10) 有更好的管理制约因素(例如范围、质量、进度、成本、资源);

(11) 更好的平衡制约因素减少对项目的影响(例如范围扩大可能会增加成本或延长进度);

(12) 提高对未来计划的预测能力。

但是,上述优点只有在克服以下困难后才可实现,如项目的复杂程度、客户的特殊需求和范围的变化、组织重构、技术变化、市场价格的波动等。

而项目管理不善或缺乏项目管理可能会导致以下问题:

(1) 超过时限;

(2) 成本超支;

(3) 质量低劣;

(4) 返工;

(5) 项目范围扩大失控;

(6) 组织声誉受损;

(7) 相关方不满意;

(8) 正在实施的项目无法达成目标。

项目是组织创造价值和效益的主要方式。在当今商业环境下,组织领导者需要应对预算紧缩、时间缩短、资源稀缺以及技术快速变化的情况。商业环境动荡不定,变化越来越快。为了在行业中保持竞争力,经营者日益广泛利用项目管理,来持续创造商业价值。

有效和高效的项目管理应被视为组织的战略能力。它能够实现以下目标:

(1) 将项目成果与业务目标联系起来;

(2) 更有效地展开市场竞争;

(3) 支持组织发展;

(4) 通过适当调整项目管理计划,以应对商业环境改变给项目带来的影响。

1.2.2 项目失败的原因

大部分项目的失败是由多个原因引起的,有些失败原因之间还有直接或间接的因果关系。项目失败可以被分成计划执行的失败、项目相关方的失败、外部环境的失败。

(1) 计划执行的失败

计划执行失败的主要原因有：

① 项目前期论证不到位,或在项目过程中,论证的要求发生了极大的变化；

② 计划拟定的项目工期太短,要完成的任务太多；

③ 在资金上估计不足；

④ 有不清晰或不实际的期望；

⑤ 假设条件不成立；

⑥ 制订计划所用信息不完整；

⑦ 资源不足；

⑧ 分配到的人员缺乏经验或没有掌握必要的技能；

⑨ 人员不断流动；

⑩ 设立了不可衡量的里程碑,或设立的里程碑之间时间间隔太长；

⑪ 环境因素发生改变,影响了项目的进度；

⑫ 预算超支或失去控制；

⑬ 缺乏对计划定期的动态调整；

⑭ 不关注项目的人力和组织合作,缺乏积极有效的团队建设；

⑮ 风险估计不足或缺乏风险管理意识；

⑯ 合同条款存在重大瑕疵或缺失；

⑰ 团队成员缺乏项目管理观念,特别是重要员工；

⑱ 技术目标凌驾商务目标之上；

⑲ 指派的重点技术人员临时供职于项目,不能全程跟随项目；

⑳ 对任务执行监督不足。

(2) 项目相关方的失败

项目相关方失败的原因主要有：

① 没有得到或只得到极少数项目相关方的支持；

② 管理层内部意见不同,目标不一；

③ 项目相关方不断变化；

④ 各相关方要求不明晰；
⑤ 各相关方采用不同的组织流程配置,可能造成各流程相互间冲突或不适应；
⑥ 项目本身和项目相关方沟通不足；
⑦ 无法使各项目相关方达成共识。

(3) 外部环境的失败

外部环境失败的主要原因有：
① 财政政策、采购政策或劳动法规发生改变；
② 突发性刑事案件、社会动乱、恐怖袭击、发生战争及暴乱；
③ 通货膨胀率显著变化。

失败也有可能是源于行业的特殊性,譬如建筑业需要大量的劳动力。有些失败可以被纠正,然而另一些失败会导致项目的提前终止。

1.3 工程项目周期

工程项目周期也称投资建设周期,是指从提出投资设想,经过前期论证、投资决策、建设准备、建设实施、竣工验收直至投产运营所经历的全过程。

工程项目周期一般可划分为四个阶段：前期阶段、准备阶段、实施阶段和投产运营阶段,如图 1-1 所示。

图 1-1 工程项目的阶段划分

1.3.1 工程项目前期阶段

这一阶段的主要工作包括：投资机会研究、初步可行性研究、可行性研究、项目评估及决策等。

该阶段的工作重点是对项目投资建设的必要性和可行性进行分析论证,提出指标性目标,并做出科学决策。

1.3.2 工程项目准备阶段

该阶段的主要工作包括：工程项目的初步设计和施工图设计、工程项目征地及建设条件的准备、工程招标并与承包人签订承包合同、获得相关工程建设行政许可、货物采购等。

该阶段的工作重点是准备和安排工程项目建设所需条件,以工程项目开工建设为结束。

1.3.3　工程项目实施阶段

该阶段的主要任务是将建设投入要素进行组合,形成工程实物形态,实现投资决策目标。主要工作包括:工程项目施工、联动试车、试生产、竣工验收等。

本阶段在工程项目建设周期中工作量最大,投入的人力、物力和财力最多,工程项目管理的难度也最大。

1.3.4　工程项目投产运营阶段

该阶段的工作不同于上述三个阶段,主要工作由业主单位自行完成或者由成立的专门的项目公司承担。对于经营性工程项目,如高速公路,其运营工作较为复杂,包括经营和维护两大任务。对于非经营性工程项目,如住宅项目,运营阶段主要通过鉴定、修缮、加固、拆除等活动,保证工程项目的功能、性能能够满足正常使用的要求。

项目管理与运营管理存在着本质的差别,工程项目运营一般不包括项目管理的范畴,但在工程项目管理的全过程中必须考虑运营问题,因为工程项目管理的成果最终是为项目运营服务的。

从工程项目管理的角度看,在项目运营期间,主要工作有工程的保修、回访、相关后续服务、项目后评价等。

根据工程项目复杂程度和实际管理的需要,工程项目阶段划分还可以逐级分解。

1.4　项目管理的基本要素

本章描述了从事项目管理所需的基本要素(管理活动),通过合理运用这些要素,为达成项目目标奠定了坚实的基础。

1.4.1　项目管理过程

项目生命周期是通过一系列项目管理活动进行的,即项目管理过程。每个项目管理过程通过合适的过程方法(工具和技术)将一个或多个需求文件(输入)转化成一个或多个工作成果(输出)。工作成果可以是具体的可交付成果或数据、表格、进度计划、论证报告等。项目管理过程见图1-2。

图1-2 项目管理过程示例

项目管理过程通常分为三类：
（1）仅开展一次的过程。例如，制定项目章程或结束项目。
（2）根据需求定期开展的过程。例如，在需要采购之前执行实施采购过程。
（3）贯穿项目始终执行的过程。例如，监控过程。

1.4.2 项目管理过程组

项目管理过程组指对项目管理过程进行逻辑分组，以达成项目的特定目标。过程组不同于项目阶段。项目管理过程可分为以下五个项目管理过程组：

（1）启动过程组。定义一个新项目或现有项目的一个新阶段，授权开始该项目或阶段的一组过程。

（2）规划过程组。明确项目范围、项目目标，为实现目标制定行动方案的一组过程。

（3）执行过程组。完成项目管理计划中确定的工作，以满足项目要求的一组过程。

（4）监控过程组。跟踪、审查和调整项目进展与评价标准，启动相应变更的一组过程。

（5）收尾过程组。正式完成或结束项目、阶段或合同所执行的过程。

1.4.3 项目管理知识体系

除了过程组，项目管理过程还可以按知识体系进行分类。项目管理知识体系是由权威组织总结提出，由项目管理知识、工作内容、标准化文件构成的项目管理知识整体。项目管理知识体系确立了项目管理领域的知识基础，规范了项目管理的内容和范围，为项目管理的实践提供了标准。目前国际上权威的项目管理知识体系是PMBOK。PMBOK是Project Management Body of Knowledge的缩写，即项目管理知识体系，是美国项目管理协会（Project Management Institute，简称PMI）为全球项目管理专业人士制定的行业标准。PMI项目管理知识体系对项目管理学科的最大贡献是，它首次提出了项目管理知识体系的概念，首次为项目管理学科建立了理论和实践的标准、规范。

PMBOK使用了"知识领域"（Knowledge Areas）的概念，确定了大多数情况下大部分项目通常使用的十个知识领域。十个知识领域包括：

（1）项目整合管理。为识别、定义、组合、统一和协调各项目管理过程组的各个过程和活动而开展的过程与活动。

（2）项目范围管理。确保项目做且只做所需的全部工作以成功完成项目的各个过程。

（3）项目进度管理。为管理项目按时完成所需的各个过程。

（4）项目成本管理。为使项目在批准的预算内完成而对成本进行规划、估算、预算、融资、筹资、管理和控制的各个过程。

（5）项目质量管理。把组织的质量政策应用于规划、管理、控制项目和产品质量要求，以满足相关方的期望的各个过程。

（6）项目资源管理。识别、获取和管理所需资源以成功完成项目的各个过程。

（7）项目沟通管理。为确保项目信息及时且恰当地规划、收集、生成、发布、存储、检索、管理、控制、监督和最终处置所需的各个过程。

（8）项目风险管理。规划风险管理、识别风险、开展风险分析、规划风险应对、实施风险应对和监督风险的各个过程。

（9）项目采购管理。从项目团队外部采购或获取所需产品、服务或成果的各个过程。

（10）项目相关方管理。用于开展下列工作的各个过程：识别影响或受项目影响的人员、团队或组织，分析相关方对项目的期望和影响，制定合适的管理策略来有效调动相关方参与项目决策和执行。

根据工程项目管理的特点和国内的语言习惯，本书把"项目整合管理"称为"项目规划管理"，并增加了"职业健康、安全与环境管理"的章节。同时，根据国内项目管理的思维习惯和做法，在《项目管理知识体系指南（PMBOK指南）》的基础上，对其内容进行了精简和补充，第5章至第15章详细说明了各个知识领域的具体内容。表1-1列出了项目管理过程组和知识领域。

表 1-1 项目管理过程组和知识领域

知识领域	项目管理过程组				
	启动过程组	规划过程组	执行过程组	监控过程组	收尾过程组
5. 项目规划管理	5.1 制定项目章程	5.2 制订项目管理计划		5.3 监控项目工作	5.4 结束项目或阶段
6. 项目范围管理		6.1 规划范围管理 6.2 定义范围 6.3 创建工作分解结构		6.4 控制范围	
7. 项目进度管理		7.1 规划进度管理 7.2 制订进度计划		7.3 控制进度	
8. 项目成本管理		8.1 规划成本管理 8.2 估算成本 8.3 制定预算		8.4 控制成本	
9. 项目质量管理		9.1 规划质量管理	9.2 管理质量	9.3 控制质量	
10. 项目资源管理		10.1 规划资源管理	10.2 管理资源	10.3 控制资源	
11. 项目沟通管理		11.1 规划沟通管理	11.2 管理沟通	11.3 监督沟通	
12. 项目风险管理		12.1 规划风险管理 12.2 识别风险	12.3 实施风险应对		
13. 项目采购管理		13.1 规划采购管理	13.2 实施采购	13.3 控制采购	
14. 项目相关方管理	14.1 识别相关方	14.2 规划相关方参与	14.3 管理相关方参与		
15. 职业健康、安全与环境管理		15.1 规划安全与环境管理	15.2 实施安全与环境管理	15.3 监督安全与环境管理	

由于每个项目都是独特的,应选择恰当的项目管理过程,这就意味着上述知识不是一成不变地应用于所有项目。

通常项目经理与项目团队、项目发起人或组织管理层共同确定需要采取的管理过程、方法、成果文件。多数情况下,项目的范围、进度、成本、资源、质量和风险是相互竞争的制约因素,而各个制约因素对不同项目的重要性不一样。因此,项目经理应根据项目环境、组织文化、相关方需求和其他变量,综合确定管理这些制约因素的方法。

第 2 章
项目运行环境

任何一个项目管理团队仅仅对项目本身的日常活动进行管理是远远不够的,必须考虑项目运行环境对项目的影响。

项目所处的环境可能对项目的开展产生有利或不利的影响,这些影响主要来自三个方面:外部环境、内部环境、组织系统。

2.1 外部环境

外部环境是指项目团队不能控制的将对项目产生影响、限制或指令作用的各种条件,包括以下内容:

(1) 市场条件。例如竞争对手、市场份额和品牌认知度。

(2) 社会和文化影响。例如政治氛围、行为规范、道德和观念。

(3) 法律限制。例如与安全、知识产权保护、商业行为、劳动保护和采购有关的国家或地方法律法规。

(4) 商业数据库。例如标杆对照成果、标准化的成本估算数据、行业风险研究资料和风险数据库。

(5) 政府或行业标准。例如与产品、生产、环境、质量和工艺有关的监管机构条例、标准和规范。

(6) 财务考虑因素。例如货币汇率、利率、通货膨胀率、关税和地理位置。

(7) 物理环境要素。例如工作环境、天气和制约因素。

2.2　内部环境

内部环境是指必须了解、熟悉,并尽最大可能获得对项目支持的因素,具体包括以下内容:

(1) 企业文化、组织结构。例如愿景、使命、价值观、信念、领导风格、等级制度和职权关系、组织风格、道德和行为规范。

(2) 基础设施。例如现有设施、设备、组织通信渠道、信息技术硬件、可用性和功能。

(3) 信息技术软件。例如进度计划软件工具、自动化办公(OA,Office Automation)管理系统、工作授权系统。

(4) 资源可用性。例如合同和采购制约因素、获得批准的合格供应商、合格分包商以及合作协议。

(5) 员工能力。例如现有人力资源的专业知识、技能、能力和特定知识。

(6) 组织知识库。例如组织的管理制度、工作指引、成本数据库、以往项目的项目档案(范围、成本、项目进度网络图、后评估报告等)。

2.3　组织系统

项目组织的建立是指为达到一定目标,运用组织所赋予的权力,对所需的资源进行合理配置,以有效地实现组织目标的过程。这个过程很大程度上受制于组织系统的治理框架和组织结构。

工程项目管理组织可以是一个公司,也可以是一个专业项目部,还可能是为完成某一项目而成立的项目团队。

项目组织的关键不在于是否在同一个建筑内办公,也不在于执行的政策和程序是否相同,其核心是组织内成员之间、成员与职责、任务、资源之间的关系。

2.3.1　组织治理框架

治理指组织各个层面的有组织的或有结构的安排,旨在确定和影响组织成员的行为，包括：

（1）组织的政策、规范、制度要求等；

（2）基于专业职能的部门设置；

（3）组织授予的工作职权；

（4）组织的总体目标优先于个人目标；

（5）薪酬水平；

（6）沟通渠道；

（7）公正、平等地对待所有员工；

（8）工作岗位的安全职责；

（9）统一指挥原则（例如一位员工仅接受一个上级对其任何行动或活动给出的指示）。

2.3.2 组织结构的选择

在确定组织结构时，每个组织都需要考虑大量的因素，其影响因素分为社会因素和组织内部因素两个方面。

▲ 社会因素包括：

（1）国际通行的项目管理方法与惯例；

（2）国家经济管理环境与项目相关的管理制度；

（3）项目定位、项目规模、项目历时长短与项目技术复杂性；

（4）项目的经济合同关系与形式；

（5）项目管理的范围及项目的影响力。

▲ 组织内部因素包括：

（1）组织的管理模式与制度；

（2）项目目标与组织目标的一致性；

（3）组织的决策机制；

（4）高层管理人员的经营理念和洞察力；

（5）项目管理组织的经验；

（6）项目人员的专业能力；

（7）明确的管理幅度、职权范围、职责分配；

（8）有效的资源；

（9）项目的物理位置（例如集中办公、区域办公和网络远程办公）。

2.3.3 扁平化的组织结构

现代的企业大多倾向于采用扁平化的组织结构。扁平化管理是指通过减少管理层次、压缩职能部门和机构、裁减人员，使企业的决策层和操作层之间的中间管理层级尽可能减少，以便使企业快速地将决策权延至企业生产、营销的最前线，从而为提高企业效率而建立起来的富有弹性的新型管理模式。它摒弃了传统的金字塔状的企业管理模式的诸多难以解决的问题和矛盾。

▲ 其主要优点是：

(1) 管理层次少，管理人员少，节约费用；

(2) 缩短了上下级之间的沟通距离，高层领导可以较容易了解基层情况；

(3) 增大了基层管理人员的管理责任，有利于基层管理人员的成长；

(4) 信息传递快，决策与行动效率更加迅速。

▲ 其主要缺点是：

(1) 上级领导的管理幅度加大，工作负荷加重，使之精力分散；

(2) 管理幅度大，对管理者的能力和水平要求高；

(3) 基层管理者容易突出其管理权，破坏组织的统一性。

世界经济发展到现在，越来越多的迹象表明，随着世界性经济结构的调整、科技的进步、竞争的加剧，在今后的竞争中，企业规模已不再是决定企业最终命运的决定性力量，灵活性和适应性将成为决定企业参与市场竞争成败的关键。特别是随着信息技术的发展、电子商务的出现和知识经济时代的到来，今天的企业所处的经济环境已发生了翻天覆地的变化。在多媒体技术、网络传输技术、卫星通信技术、安全加密技术等现代高科技手段的有力支撑下，依靠功能强大的办公软件、营销管理软件等应用软件，能够轻而易举地实现对大量数据信息的集中快速处理，在第一时间内将企业的高价值信息传递给高层决策者、承包商、供货商与合作伙伴。这些都促成了组织向扁平型结构发展。

第 3 章

项目管理的原则

对某一职业来说,原则是战略、决策和问题解决的基本指导准则。专业标准和方法论往往以原则为基础。在某些职业中,原则起着法律或规则的作用,因此具有规定性。项目管理的原则在本质上不是规定性的,它们旨在指导项目参与者的行为。这些原则有着广泛的基础,因此个人和组织可以通过多种方式与这些原则保持一致性。

3.1 遵守法律的原则

无论是组织还是个人,了解、学习以及遵守法律是十分重要的,这有助于我们培养自觉遵守法律法规的习惯,并把遵守法律作为从事建设工程活动的行为准则。遵守法律的意义在于:

(1) 维护企业和自身的权益;

(2) 为项目管理的有序性、可控性提供支撑;

(3) 降低企业和项目的风险。

同时,法律也是规范组织和个人行为的准则,法律的规范作用包括五个方面:

(1) 指引作用。这是指法律作为一种行为规范,为人们提供某种行为模式,指引人们可以这样行为、必须这样行为或不得这样行为,从而对行为者本人的行为产生影响。

(2) 评价作用。法律具有判断、衡量他人行为是否合法或有效的评价作用，其对象是指他人的行为。在评价他人行为时，总要有一定的、客观的评价准则。法是一个重要的普遍的评价准则，即根据法来判断某种行为是否合法。此外，作为一种评价准则，与政策、道德规范等相比，法律还具有比较明确、具体的特征。

(3) 教育作用。作为一种社会规范，法律还具有某种教育作用，这种作用的对象是一般人的行为。有人因违法而受到制裁，这种制裁对受制裁人本人及普通人有教育作用。同样，人们的合法行为以及其法律后果也对一般人的行为具有示范作用。

(4) 预测作用。这是指人们可以根据法律规范的规定，事先估计到当事人双方将如何行为及行为的法律后果，从而对自己的行为做出合理的安排。

(5) 强制作用。这是指法为保障自己得以充分实现，运用国家强制力制裁、惩罚违法行为的作用。法的强制作用是法的其他作用的保证。这种规范作用的对象是违法者的行为。法的强制行为不仅在于制裁违法犯罪行为，而且还在于预防违法犯罪行为，增进社会成员的安全感。

在中国，法的形式包括：规范性法律文件、国际惯例、国际条约等。具体可分为以下七类：

(1) 宪法。宪法在我国法律体系中具有最高的法律地位和法律效力，是我国最高的法律形式。

(2) 法律。法律是指由全国人民代表大会和全国人民代表大会常务委员会制定颁布的规范性法律文件。如刑法、民法、诉讼法以及有关国家机构的组织法等法律。

(3) 行政法规。行政法规是国家最高行政机关国务院根据宪法和法律就有关执行法律和履行行政管理职权的问题，以及依据全国人民代表大会及其常务委员会特别授权所制定的规范性文件的总称。如《建设工程质量管理条例》《建设工程安全生产管理条例》《建设工程勘察设计管理条例》《招标投标法实施条例》等。

(4) 地方性法规、自治条例和单行条例。省、自治区、直辖市的人民代表大会及其常务委员会根据本行政区域的具体情况和实际需要，在不与宪法、法律、行政法规相抵触的前提下，可以制定地方性法规。如《北京市建筑市场管理条例》《天津市建筑市场管理条例》等。

(5) 部门规章。国务院各部、委员会、中国人民银行、审计署和具有行政管理职能的直属机构所制定的规范性文件统称部门规章。如住房城乡建设部发布的《房屋建筑和市政基础设施工程质量监督管理规定》《市政公用设施抗灾设防管理规定》，国家发展和改革委员会发布的《招标公告发布暂行办法》《工程建设项目招标范围和规模标准规定》等。

(6) 地方政府规章。省、自治区、直辖市和设区的市、自治州的人民政府，可以根据法律、行政法规和本省、自治区、直辖市的地方性法规，制定地方政府规章。

(7) 国际条约。国际条约是指我国与外国缔结、参加、签订、加入、承认的双边、多边的条约、协定和其他具有条约性质的文件。例如，我国加入 WTO 后，WTO 中与工程建设有关的协定也对我国的建设活动产生约束力。

建设工程法律具有综合性的特点，同时又具有一定的独立性和完整性。与建设工程法律相关的主要内容阐述如下。

3.1.1 施工许可法律制度

2011 年 4 月经修改后公布的《中华人民共和国建筑法》（以下简称《建筑法》）规定，建筑工程开工前，建设单位应当按照国家有关规定向工程所在地县级以上人民政府建设行政主管部门申请领取施工许可证。但是，国务院建设行政主管部门确定的限额以下的小型工程除外。

3.1.1.1 施工许可证的适用范围

2014 年 6 月住房城乡建设部经修改后发布的《建筑工程施工许可管理办法》规定，在中华人民共和国境内从事各类房屋建筑及其附属设施的建造、装修装饰和与其配套的线路、管道、设备的安装，以及城镇市政基础设施工程的施工，建设单位在开工前应当依照本办法的规定，向工程所在地的县级以上地方人民政府住房城乡建设主管部门申请领取施工许可证。

对依法通过竞争性谈判或单一来源方式确定供应商的政府采购工程建设项目，应严格执行《建筑法》《建筑工程施工许可管理办法》等规定，对符合申请条件的，应当颁发施工许可证。

不需要办理施工许可证的建设工程包括：

(1) 限额以下的小型工程。《建筑工程施工许可管理办法》规定，工程投资额在 30 万元以下或者建筑面积在 300 m² 以下的建筑工程,可以不申请办理施工许可证。

(2) 抢险救灾等工程。《建筑法》规定,抢险救灾及其他临时性房屋建筑和农民自建低层住宅的建筑活动,不适用本办法。

(3) 不重复办理施工许可证的建设工程。《建筑法》规定,按照国务院规定的权限和程序批准开工报告的建筑工程,不再领取施工许可证。

(4) 另行规定的建设工程。《建筑法》规定,军用房屋建筑工程建筑活动的具体管理办法,由国务院、中央军事委员会依据本法制定。

3.1.1.2 施工许可证的申请

《建筑法》规定,建设单位应当按照国家有关规定向工程所在地县级以上人民政府建设行政主管部门申请领取施工许可证。

建设单位(又称业主或项目法人)是建设项目的投资者,如果建设项目是政府投资,则建设单位为该建设项目的管理单位或使用单位。

《建筑法》及《建筑工程施工许可管理办法》规定,申请领取施工许可证,应当具备下列条件:

(1) 已经办理该建筑工程用地批准手续;

(2) 在城市规划区的建筑工程,已经取得规划许可证;

(3) 需要拆迁的,其拆迁进度符合施工要求;

(4) 已经确定建筑施工企业;

(5) 按照规定应当委托监理的工程已委托监理;

(6) 有满足施工需要的施工图纸及技术资料;

(7) 有保证工程质量和安全的具体措施;

(8) 建设资金已经落实;

(9) 法律、行政法规规定的其他条件。

3.1.1.3 违法行为应承担的法律责任

办理施工许可证或开工报告违法行为应承担的主要法律责任包括:

(1) 未经许可擅自开工。《建设工程质量管理条例》规定,建设单位未取得施工许可证或者开工报告未经批准,擅自开工的,责令停止施工,限期改正,处工程合同价款 1% 以上 2% 以下的罚款。

(2) 规避办理施工许可证。《建设工程施工许可管理办法》规定,对于未取得施工许可证或者为规避办理施工许可证将工程项目分解后擅自施工的,由有管辖权的发证机关责令停止施工,限期改正,对建设单位处工程合同价款1%以上2%以下罚款;对施工单位处3万元以下罚款。

(3) 骗取和伪造施工许可证。《建设工程施工许可管理办法》规定,建设单位采用欺骗、贿赂等不正当手段取得施工许可证的,由原发证机关撤销施工许可证,责令停止施工,并处1万元以上3万元以下罚款;构成犯罪的,依法追究刑事责任。建设单位隐瞒有关情况或者提供虚假材料申请施工许可证的,发证机关不予受理或者不予许可,并处1万元以上3万元以下罚款;构成犯罪的,依法追究刑事责任。建设单位伪造或者涂改施工许可证的,由发证机关责令停止施工,并处1万元以上3万元以下罚款;构成犯罪的,依法追究刑事责任。

(4) 对单位主管人员的处罚。给予单位罚款处罚的,对单位直接负责的主管人员和其他直接责任人员处单位罚款数额5%以上10%以下罚款。单位及相关责任人受到处罚的,作为不良记录予以通报。

3.1.2 建设工程发承包法律制度

建设工程发包是建设工程的建设单位(或总承包单位)将建设工程任务通过招标发包或直接发包的方式,交付给具有法定从业资格的单位完成,并按照合同约定支付报酬的行为。

3.1.2.1 建设工程招投标制度

建设工程招投标是建设单位对拟建的建设工程项目通过法定的程序和方式吸引承包单位进行公平竞争,并从中选择条件优越者来完成建设工程任务的行为。

2017年12月经修订后颁布的《中华人民共和国招标投标法》(以下简称《招标投标法》)第三条规定,在中华人民共和国境内进行下列工程建设项目包括项目的勘察、设计、施工、监理以及与工程建设有关的重要设备、材料等的采购,必须进行招标,包括:

(1) 大型基础设施、公用事业等关系社会公共利益、公众安全的项目;

(2) 全部或者部分使用国有资金投资或者国家融资的项目;

(3) 使用国际组织或者外国政府贷款、援助资金的项目。

上述各类工程建设项目,达到下列标准之一的,必须进行招标:

(1) 施工单项合同估算价在人民币 400 万元以上的;

(2) 重要设备、材料等货物的采购,单项合同估算价在人民币 200 万元以上的;

(3) 勘察、设计、监理等服务的采购,单项合同估算价在人民币 100 万元以上的。

3.1.2.2 禁止串通投标和其他不正当竞争行为的规定

1993 年 9 月颁布的《中华人民共和国反不正当竞争法》规定,本法所称的不正当竞争,是指经营者违反本法规定,损害其他经营者的合法权益,扰乱社会经济秩序的行为。本法所禁止的不正当竞争行为包括:

(1) 禁止投标人相互串通投标;

(2) 禁止招标人与投标人串通投标;

(3) 禁止投标人以行贿手段谋取中标;

(4) 投标人不得以低于成本的报价竞标;

(5) 投标人不得以他人名义投标或以其他方式弄虚作假骗取中标。

3.1.2.3 违法行为应承担的法律责任

建设工程招标投标活动中违法行为应承担的主要法律责任包括以下几点:

(1) 招标人违法行为应承担的法律责任

① 按照规定,必须进行招标的项目而不招标的,将必须进行招标的项目化整为零或者以其他任何方式规避招标的,责令限期整改,可以处项目合同金额 5‰ 以上 10‰ 以下的罚款。

② 以不合理的条件限制或者排斥潜在投标人的,对潜在投标人实行歧视待遇的,强制投标人组成联合体共同投标的,或者限制投标人之间竞争的,责令整改,可以处 1 万元以上 5 万元以下的罚款。

③ 向他人透露已获取招标文件的潜在投标人信息,或者可能影响公平竞争的有关招标投标的其他情况的,泄露标底的,给予警告,可以并处 1 万元以上 10 万元以下的罚款;对单位直接负责的主管人员和其他责任人员依法给予处分;构成犯罪的,依法追究刑事责任。

④ 在评标委员会依法推荐的中标候选人以外确定中标人的,中标无效。责令改正,可以处中标项目金额 5‰ 以上 10‰ 以下的罚款。

⑤ 不按照招标文件和中标人的投标文件订立合同的,或者招标人、中标人

订立背离合同实质性内容的协议的,责令改正,可以处中标项目金额5‰以上10‰以下的罚款。

(2) 招标代理机构违法行为应承担的法律责任

① 违反规定,泄露应当保密的与招标投标活动有关的情况和资料的,或者与招标人、投标人串通损害国家利益、社会公共利益或者他人合法权益的,处5万元以上20万元以下的罚款,对单位直接负责的主管人员和其他直接责任人员处单位罚款数额5‰以上10‰以下的罚款;有违法所得的,并处违法所得;情节严重的,禁止其一年至二年内代理依法必须进行招标的项目并予以公告,直至由工商行政管理机关吊销营业执照;构成犯罪的,依法追究刑事责任。

② 违反规定,在所代理的招标项目中投标、代理投标或者向该项目投标人提供咨询的,依照招标投标法第50条的规定追究法律责任。

(3) 评标委员会成员违法行为应承担的法律责任

① 收受投标人的财务或者其他好处的,向他人透露有关评标情况的,给予警告,可以并处3 000元以上5万元以下的罚款;构成犯罪的,依法追究刑事责任。

② 有不客观、不公正履职行为的,责令整改;情节严重的,取消其担任评标委员会成员的资格。

(4) 投标人违法行为应承担的法律责任

① 投标人相互串通投标或者与招标人串通投标的,投标人向招标人或者评标委员会成员行贿谋取中标的,中标无效;构成犯罪的,依法追究刑事责任;尚不构成犯罪的,依照招标投标法第53条的规定处罚。

② 投标人以他人名义投标或者以其他方式弄虚作假骗取中标的,中标无效;构成犯罪的,依法追究刑事责任;尚不构成犯罪的,依照招标投标法第54条的规定处罚。

③ 出让或者出租资格、资质证书供他人投标的,依照法律、行政法规的规定给予行政处罚;构成犯罪的,依法追究刑事责任。

(5) 中标人违法行为应承担的法律责任

① 中标人无正当理由不与招标人订立合同,在签订合同时向招标人提出附加条件,或者不按照招标文件要求提交履约保证金的,取消其中标资格,投标保证金不予退还。对依法必须进行招标的项目的中标人,由有关行政监督部门责令改正,可以处中标项目金额10‰以下的罚款。

② 中标人将中标项目转让给他人的,将中标项目肢解后分别转让给他人的,违反招标投标法和本条例规定将中标项目的部分主体、关键性工作分包给他人的,或者分包人再次分包的,转让、分包无效,处转让、分包项目金额5%以上10%以下的罚款;有违法所得的,并处没收违法所得;可以责令停业整顿;情节严重的,由工商行政管理机关吊销营业执照。

(6) 政府主管部门和国家工作人员违法行为应承担的法律责任

《招标投标法》规定,对招标投标活动依法负有行政监督职责的国家机关工作人员徇私舞弊、滥用职权或者玩忽职守,构成犯罪的,依法追究刑事责任;不构成犯罪的,依法给予行政处分。

3.1.3 建设工程合同和劳动合同法律制度

2020年5月28日,第十三届全国人大三次会议表决通过了《中华人民共和国民法典》(简称《民法典》),自2021年1月1日起施行。《民法典》规定:合同是民事主体之间设立、变更、终止民事法律关系的协议;依法成立的合同,受法律保护。

3.1.3.1 合同的订立原则

根据《民法典》的规定,合同的订立,应当遵循如下原则:

(1) 平等原则。民事主体在民事活动中的法律地位一律平等。

(2) 自愿原则。民事主体从事民事活动,应当遵循自愿原则,按照自己的意思设立、变更、终止民事法律关系。

(3) 公平原则。民事主体从事民事活动,应当遵循公平原则,合理确定各方的权利和义务。

(4) 诚信原则。民事主体从事民事活动,应当遵循诚信原则,秉持诚实,恪守承诺。

(5) 守法与公序良俗原则。民事主体从事民事活动,不得违反法律,不得违背公序良俗。

(6) 绿色原则。民事主体从事民事活动,应当有利于节约资源、保护生态环境。

(7) 法律适用。处理民事纠纷,应当依照法律;法律没有规定的,可以适用习惯,但是不得违背公序良俗。

(8) 优先适用特别法。其他法律对民事关系有特别规定的,依照其规定。

(9) 效力范围。中华人民共和国领域内的民事活动,适用中华人民共和国法律。法律另有规定的,依照其规定。

3.1.3.2 合同的订立、效力、履行、变更和转让、终止

(1) 合同的订立

① 当事人订立合同,可以采用书面形式、口头形式或者其他形式。

② 书面形式是合同书、信件、电报、电传、传真等可以有形地表现所载内容的形式。

③ 以电子数据交换、电子邮件等方式能够有形地表现所载内容,并可以随时调取查用的数据电文,视为书面形式。

(2) 合同的效力

① 依法成立的合同,自成立时生效,但是法律另有规定或者当事人另有约定的除外。

② 依照法律、行政法规的规定,合同应当办理批准等手续的,依照其规定。未办理批准等手续影响合同生效的,不影响合同中履行报批等义务条款以及相关条款的效力。应当办理申请批准等手续的当事人未履行义务的,对方可以请求其承担违反该义务的责任。

③ 依照法律、行政法规的规定,合同的变更、转让、解除等情形应当办理批准等手续的,适用前款规定。

(3) 合同的履行

① 当事人应当按照约定全面履行自己的义务。

② 当事人应当遵循诚信原则,根据合同的性质、目的和交易习惯履行通知、协助、保密等义务。

③ 当事人在履行合同过程中,应当避免浪费资源、污染环境和破坏生态。

(4) 合同的变更和转让

① 当事人协商一致,可以变更合同。

② 当事人对合同变更的内容约定不明确的,推定为未变更。

③ 债权人可以将债权的全部或者部分转让给第三人,但是有下列情形之一的除外:

 A. 根据债权性质不得转让;

 B. 按照当事人约定不得转让;

C. 依照法律规定不得转让。

（5）合同的权利义务终止

有下列情形之一的，债权债务终止：

① 债务已经履行；

② 债务相互抵销；

③ 债务人依法将标的物提存；

④ 债权人免除债务；

⑤ 债权债务同归于一人；

⑥ 法律规定或者当事人约定终止的其他情形。

合同解除的，该合同的权利义务关系终止。

3.1.3.3 劳动合同中违法行为应承担的法律责任

（1）用人单位应承担的法律责任

《中华人民共和国劳动合同法》（以下简称《劳动合同法》）规定，用人单位有下列情形之一的，由劳动行政部门责令限期支付劳动报酬、加班费或者经济补偿；劳动报酬低于当地最低工资标准的，应当支付其差额部分；逾期不支付的，责令用人单位按应付金额百分之五十以上百分之一百以下的标准向劳动者加付赔偿金：

① 未按照劳动合同的约定或者国家规定及时足额支付劳动者劳动报酬的；

② 低于当地最低工资标准支付劳动者工资的；

③ 安排加班不支付加班费的；

④ 解除或者终止劳动合同，未依照本法规定向劳动者支付经济补偿的。

用人单位有下列情形之一的，依法给予行政处罚；构成犯罪的，依法追究刑事责任；给劳动者造成损害的，应当承担赔偿责任：

① 以暴力、威胁或者非法限制人身自由的手段强迫劳动的；

② 违章指挥或者强令冒险作业危及劳动者人身安全的；

③ 侮辱、体罚、殴打、非法搜查或者拘禁劳动者的；

④ 劳动条件恶劣、环境污染严重，给劳动者身心健康造成严重损害的。

用人单位有下列情形之一的，由劳动行政部门给予警告，责令改正，并可以处以罚款：

① 用人单位的劳动安全设施和劳动卫生条件不符合国家规定或者未向劳

动者提供必要的劳动防护用品和劳动保护设施的;

② 用人单位非法招用未满16周岁的未成年人的;

③ 用人单位违反本法对女职工和未成年工的保护规定,侵害其合法权益的;

④ 用人单位无故不缴纳社会保险费的。

(2) 劳动者违法应承担的法律责任

《劳动合同法》规定,劳动者违反本法规定解除劳动合同,或者违反劳动合同中约定的保密义务或者竞业限制,给用人单位造成损失的,应当承担赔偿责任。

(3) 劳务派遣单位违法应承担的法律责任

《劳动合同法》规定,劳务派遣单位、用工单位违反本法有关规定,由劳动行政部门责令限期改正;逾期不改正的,以每人5 000元以上1万元以下的标准处以罚款,对劳务派遣单位,吊销其劳务派遣业务经营许可证,用工单位给被派遣劳动者造成损害的,劳务派遣单位与用工单位承担连带赔偿责任。

3.1.4 建设工程施工环境保护、节约能源和文物保护法律制度

3.1.4.1 施工现场环境保护制度

2014年4月经修改后公布的《中华人民共和国环境保护法》规定,排放污染物的企业事业单位和其他生产经营者,应当采取措施,防治在生产建设或者其他活动中产生的废气、废水、废渣、医疗废物、粉尘、恶臭气体、放射性物质以及噪声、振动、光辐射、电磁辐射等对环境的污染和危害。

2011年4月经修改后公布的《中华人民共和国建筑法》规定,建筑施工企业应当遵守有关环境保护和安全生产的法律、法规的规定,采取控制和处理施工现场的各种粉尘、废气、废水、固体废物以及噪声、振动对环境的污染和危害的措施。

2003年11月颁布的《建筑工程安全生产管理条例》规定,施工单位应当遵守有关环境保护法律、法规的规定,在施工现场采取措施,防止或者减少粉尘、废气、废水、固体废物、噪声、振动和施工照明对人和环境的危害和污染。

(1) 施工现场环境噪声污染防治的规定

在工程建设领域,环境噪声污染的防治主要包括两个方面:一是施工现场环境噪声污染的防治;二是建设项目环境噪声污染的防治。

① 施工现场环境噪声污染的防治

1996年10月颁布的《中华人民共和国环境噪声污染防治法》(以下简称《环境噪声污染防治法》)规定,在城市市区范围内向周围生活环境排放建筑施工噪声的,应当符合国家规定的建筑施工场界环境噪声排放标准。

在城市市区范围内,建筑施工过程中使用机械设备,可能产生环境噪声污染的,施工单位必须在工程开工15日以前向工程所在地县级以上地方人民政府环境保护行政主管部门申报该工程的项目名称、施工场所和期限、可能产生的环境噪声值以及所采取的环境噪声污染防治措施的情况。

在城市市区噪声敏感建筑物集中区域内,禁止夜间进行产生环境噪声污染的建筑施工作业,但抢修、抢险作业和因生产工艺上要求或者特殊需要必须连续作业的除外。

② 建设项目环境噪声污染的防治

《环境噪声污染防治法》规定,新建、改建、扩建的建设项目,必须遵守国家有关建设项目环境保护管理的规定。

③ 交通运输噪声污染的防治

《环境噪声污染防治法》规定,在城市市区范围内行驶的机动车辆的消声器和喇叭必须符合国家规定的要求。

④ 对产生环境噪声污染企业事业单位的规定

《环境噪声污染防治法》规定,产生环境噪声污染的企业事业单位,必须保持防治环境噪声污染的设施的正常使用;拆除或者闲置环境噪声污染防治设施的,必须事先报经所在地的县级以上地方人民政府环境保护行政主管部门批准。

(2) 施工现场大气污染防治的规定

在工程建设领域,对于大气污染的防治,也包括建设项目和施工现场两大方面。

① 施工现场大气污染的防治

2015年8月经修订后公布的《中华人民共和国大气污染防治法》(以下简称《大气污染防治法》)规定,企业事业单位和其他生产经营者应当采取有效措施,防止、减少大气污染,对所造成的损害依法承担责任。

② 建设项目大气污染的防治

《大气污染防治法》规定,新建、扩建、改建向大气排放污染物的项目,必须遵守国家有关建设项目环境保护管理的规定。

③ 对向大气排放污染物单位的监管

《大气污染防治法》规定,地方各级人民政府应当加强对建设施工和运输的管理,保持道路清洁,控制料堆和渣土堆放,扩大绿地、水面、湿地和地面铺装面积,防治扬尘污染。

(3) 施工现场水污染防治的规定

2017年6月经修正后公布的《中华人民共和国水污染防治法》(以下简称《水污染防治法》)规定,水污染防治应当坚持预防为主、防治结合、综合治理的原则,优先保护饮用水水源,严格控制工业污染、城镇生活污染,防治农业面源污染,积极推进生态治理工程建设,预防、控制和减少水环境污染和生态破坏。

① 施工现场水污染的防治

《水污染防治法》规定,排放水污染物,不得超过国家或者地方规定的水污染物排放标准和重点水污染物排放总量控制指标。

2013年10月公布的《城镇排水与污水处理条例》规定,城镇排水主管部门应当会同有关部门,按照国家有关规定划定城镇排水与污水处理设施保护范围,并向社会公布。

2015年1月住房城乡建设部发布的《城镇污水排入排水管网许可管理办法》进一步规定,未取得排水许可证,排水户不得向城镇排水设施排放污水。

② 发生事故或者其他突发性事件的规定

《水污染防治法》规定,企业事业单位发生事故或者其他突发性事件,造成或者可能造成水污染事故的,应当立即启动本单位的应急方案,采取隔离等应急措施,防止水污染物进入水体,并向事故发生地的县级以上地方人民政府或者环境保护主管部门报告。

(4) 施工现场固体废物污染环境防治的规定

2020年4月经修订后公布的《中华人民共和国固体废物污染环境防治法》(以下简称《固体废物污染环境防治法》)规定,国家对固体废物污染环境的防治,实行减少固体废物的产生量和危害性、充分合理利用固体废物和无害化处置固体废物的原则,促进清洁生产和循环经济发展。

① 施工现场固体废物污染环境的防治

《固体废物污染环境防治法》规定,产生固体废物的单位和个人,应当采取措施,防止或者减少固体废物对环境的污染。

对危险废物的容器和包装物以及收集、贮存、运输、处置危险废物的设施、场所,必须设置危险废物识别标志。以填埋方式处置危险废物不符合国务院环境保护行政主管部门规定的,应当缴纳危险废物排污费。危险废物排污费用于污染环境的防治,不得挪作他用。

2007年发布的《绿色施工导则》规定,制订建筑垃圾减量化计划,如住宅建筑,每万平方米的建筑垃圾不宜超过400吨。

② 建设项目固体废物污染环境的防治

《固体废物污染环境防治法》规定,在国务院和国务院有关主管部门及省、自治区、直辖市人民政府划定的自然保护区、风景名胜区、饮用水水源保护区、基本农田保护区和其他需要特别保护的区域内,禁止建设工业固体废物集中贮存、处置的设施、场所和生活垃圾填埋场。

(5) 违法行为应承担的法律责任

施工现场环境保护违法行为应承担的主要法律责任包括:

① 施工现场噪声污染防治

《环境噪声污染防治法》规定,未经环境保护行政主管部门批准,擅自拆除或者闲置环境噪声污染防治设施,致使环境噪声排放超过规定标准的,由县级以上地方人民政府环境保护行政主管部门责令改正,并处罚款。

排放环境噪声的单位违反规定的,环境保护行政主管部门或者其他依照本法规定行使环境噪声监督管理权的监督管理部门、机构可以根据不同情节,给予警告或者处以罚款。

建筑施工单位违反规定,由工程所在地县级以上地方人民政府环境保护行政主管部门责令整改,可以并处罚款。

② 施工现场大气污染防治

《大气污染防治法》规定,违反本法规定,以拒绝进入现场等方式拒不接受环境保护主管部门及其委托的环境监察机构或者其他负有大气环境保护监督管理职责的部门的监督检查,或者在接受监督检查时弄虚作假的,由县级以上地方人民政府环境保护行政主管部门责令改正,处2万元以上20万元以下的罚款;构成违反治安管理行为的,由公安机关依法予以处罚。

③ 施工现场水污染防治

《水污染防治法》规定,违反本法规定,有下列行为之一的,由县级以上地方人民政府环境保护行政主管部门责令改正或者责令限制生产、停产整治,并处10万元以上100万元以下的罚款;情节严重的,报经有批准权的人民政府批准,责令停业、关闭：

A. 未依法取得排污许可证排放水污染物的；

B. 超过水污染物排放标准或者超过重点水污染物排放总量控制指标排放水污染物的；

C. 利用渗井、渗坑、裂隙、溶洞、私设暗管，篡改、伪造监测数据，或者不正常运行水污染防治设施等逃避监管的方式排放水污染物的；

D. 未按照规定进行预处理，向污水集中处理设施排放不符合处理工艺要求的工业废水的。

④ 施工现场固体废物污染防治

《固体废物污染环境防治法》规定，违反有关城市生活垃圾污染环境防治的规定，有下列行为之一的，由县级以上地方人民政府环境卫生行政主管部门责令改正或者责令停止违法行为，限期改正，处以罚款：

A. 随意倾倒、抛撒或者堆放生活垃圾的；

B. 擅自关闭、闲置或者拆除生活垃圾处置设施、场所的；

C. 工程施工单位不及时清运施工过程中产生的固体废物，造成环境污染的；

D. 工程施工单位不按照环境卫生行政主管部门的规定对施工过程中产生的固体废物进行利用或者处置的；

E. 在运输过程中沿途丢弃、遗撒生活垃圾的。

3.1.4.2 施工节约能源制度

在工程建设领域，节约能源主要包括建筑节能和施工节能两个方面。

（1）建筑节能的规定

《中华人民共和国节约能源法》(以下简称《节约能源法》)规定，国家实行固定资产投资项目节能评估和审查制度。不符合强制性节能标准的项目，建设单位不得开工建设；已经建成的，不得投入生产、使用。政府投资项目不符合强制性节能标准的，依法负责项目审批的机关不得批准建设。

（2）施工节能的规定

《中华人民共和国循环经济促进法》(以下简称《循环经济促进法》)规定，建筑设计、建设、施工等单位应当按照国家有关规定和标准，对其设计、建设、施工的建筑物及构筑物采用节能、节水、节地、节材的技术工艺和小型、轻型、再生产品。有条件的地区,应当充分利用太阳能、地热能、风能等可再生能源。

施工节约能源违法行为应承担的主要法律责任如下:

(1) 违反建筑节能标准违法行为

《节约能源法》规定,设计单位、施工单位、监理单位违反建筑节能标准的,由建设主管部门责令改正,处 10 万元以上 50 万元以下罚款;情节严重的,由颁发资质证书的部门降低资质等级或者吊销资质证书;造成损失的,依法承担赔偿责任。

(2) 使用黏土砖及其他施工节能违法行为

《循环经济促进法》规定,在国务院或者省、自治区、直辖市人民政府规定禁止生产、销售、使用黏土砖的期限或者区域内生产、销售或者使用黏土砖的,由县级以上地方人民政府指定的部门责令限期改正;有违法所得的,没收违法所得;逾期继续生产、销售的,由地方人民政府工商行政管理部门依法吊销营业执照。

(3) 用能单位其他违法行为

《节约能源法》规定,用能单位未按照规定配备、使用能源计量器具的,由产品质量监督部门责令限期改正;逾期不改正的,处 1 万元以上 5 万元以下罚款。

3.1.4.3 施工文物保护制度

历史遗存至今的大量文物古迹,形象地记载着中华民族形成发展的进程,不但是认识历史的证据,也是增强民族凝聚力,促进民族文化可持续发展的基础。

(1) 受法律保护的文物范围

2015 年 4 月经修改后公布的《中华人民共和国文物保护法》(以下简称《文物保护法》)规定,在中华人民共和国境内,下列文物受国家保护:

① 具有历史、艺术、科学价值的古文化遗址、古墓葬、古建筑、石窟寺和石刻、壁画;

② 与重大历史事件、革命运动或者著名人物有关的以及具有重要纪念意义、教育意义或者史料价值的近代现代重要史迹、实物、代表性建筑;

③ 历史上各时代珍贵的艺术品、工艺美术品;

④ 历史上各时代重要的文献资料以及具有历史、艺术、科学价值的手稿和图书资料等;

⑤ 反映历史上各时代、各民族社会制度、社会生产、社会生活的代表性实物。

(2) 施工发现文物报告和保护的规定

进行大型基本建设工程,建设单位应当事先报请省、自治区、直辖市人民政府文物行政部门组织从事考古发掘的单位在工程范围内有可能埋藏文物的地方进行考古调查、勘探。

《文物保护法》规定,在进行建设工程或者在农业生产中,任何单位或者个人发现文物,应当保护现场,立即报告当地文物行政部门,文物行政部门接到报告后,如无特殊情况,应当在 24 小时内赶赴现场,并在 7 日内提出处理意见。

(3) 违法行为应承担的法律责任

《文物保护法》规定,有下列行为之一,构成犯罪的,依法追究刑事责任:

① 盗掘古文化遗址、古墓葬的;

② 故意或者过失损毁国家保护的珍贵文物的;

③ 擅自将国有馆藏文物出售或者私自送给非国有单位或者个人的;

④ 将国家禁止出境的珍贵文物私自出售或者送给外国人的;

⑤ 以牟利为目的倒卖国家禁止经营的文物的;

⑥ 走私文物的;

⑦ 盗窃、哄抢、私分或者非法侵占国家文物的;

⑧ 应当追究刑事责任的其他妨害文物管理行为。

有下列行为之一,尚不构成犯罪的,由县级以上人民政府文物主管部门会同公安机关追缴文物;情节严重的,处 5 000 元以上 5 万元以下的罚款:

① 发现文物隐匿不报或者拒不上交的;

② 未按照规定移交拣选文物的。

3.1.5 建设工程安全生产法律制度

2021 年 6 月经修改后公布的《中华人民共和国安全生产法》(以下简称《安全生产法》)规定,安全生产工作应当以人为本,坚持安全发展,坚持安全第一、预防为主、综合治理的方针,强化和落实生产经营单位的主体责任,建立生产经营单位负责、职工参与、政府监管、行业自律和社会监督的机制。

3.1.5.1 施工安全生产许可证制度

2014 年 7 月经修订后发布的《安全生产许可证条例》中规定,国家对矿山企业、建筑施工企业和危险化学品、烟花爆竹、民用爆炸物品生产企业(以下统称企业)实行安全生产许可制度。企业未取得安全生产许可证的,不得从事生产活动。

《安全生产许可证条例》规定,未取得安全生产许可证擅自进行生产的,责令停止生产,没收违法所得,并处10万元以上50万元以下的罚款;造成重大事故或者其他严重后果,构成犯罪的,依法追究刑事责任。

3.1.5.2 施工安全生产责任和安全生产教育培训制度

2003年11月发布的《建设工程安全生产管理条例》规定,施工单位应当建立健全安全生产责任制度和安全生产教育培训制度,制定安全生产规章制度和操作规程,保证本单位安全生产条件所需资金的投入,对所承担的建设工程进行定期和专项安全检查,并做好安全检查记录。

《建设工程安全生产管理条例》规定,违反本条例的规定,施工单位有下列行为之一的,责令限期改正;逾期未改正的,责令停业整顿,依照《中华人民共和国安全生产法》的有关规定处以罚款;造成重大安全事故,构成犯罪的,对直接责任人员,依据刑法有关规定追究刑事责任:

(1) 未设立安全生产管理机构、配备专职安全生产管理人员或者分部分项工程施工时无专职安全生产管理人员现场监督的;

(2) 施工单位的主要负责人、项目负责人、专职安全生产管理人员、作业人员或者特种作业人员,未经安全教育培训或者经考核不合格即从事相关工作的;

(3) 未在施工现场的危险部位设置明显的安全警示标志,或者未按照国家有关规定在施工现场设置消防通道、消防水源、配备消防设施和灭火器材的;

(4) 未向作业人员提供安全防护用具和安全防护服装的;

(5) 未按照规定在施工起重机械和整体提升脚手架、模板等自升式架设设施验收合格后登记的;

(6) 使用国家明令淘汰、禁止使用的危及施工安全的工艺、设备、材料的。

3.1.5.3 施工现场安全防护制度

《建筑法》规定,建筑施工企业在编制施工组织设计时,应当根据建筑工程的特点制定相应的安全技术措施;对专业性较强的工程项目,应当编制专项安全施工组织设计,并采取安全技术措施。

《建筑法》规定,建筑施工企业违反本法规定,对建筑安全事故隐患不采取措施予以消除的,责令改正,可以处以罚款;情节严重的,责令停业整顿,降低资质等级或者吊销资质证书,构成犯罪的,依法追究刑事责任。

3.1.5.4 施工安全事故的应急救援与调查处理

2007年4月国务院颁布的《生产安全事故报告和调查处理条例》规定,根据生产安全事故(以下简称事故)造成的人员伤亡或者直接经济损失,事故一般分为以下等级:

(1) 特别重大事故,指造成30人以上死亡,或者100人以上重伤(包括急性工业中毒,下同),或者1亿元以上直接经济损失的事故;

(2) 重大事故,指造成10人以上30人以下死亡,或者50人以上100人以下重伤,或者5 000万元以上1亿元以下直接经济损失的事故;

(3) 较大事故,指造成3人以上10人以下死亡,或者10人以上50人以下重伤,或者1 000万元以上5 000万元以下直接经济损失的事故;

(4) 一般事故,指造成3人以下死亡,或者10人以下重伤,或者1 000万元以下直接经济损失的事故。

所称的"以上"包括本数,所称的"以下"不包括本数。

《建设工程安全生产管理条例》规定,施工单位发生生产安全事故,应当按照国家有关伤亡事故报告和调查处理的规定,及时、如实地向负责安全生产监督管理的部门、建设行政主管部门或者其他有关部门报告;特种设备发生事故的,还应当同时向特种设备安全监督管理部门报告。实行施工总承包的建设工程,由总承包单位负责上报事故。

3.1.5.5 建设单位和相关单位的建设工程安全责任制度

(1) 建设单位相关的安全责任

《建设工程安全生产管理条例》规定,建设单位应当向施工单位提供施工现场及毗邻区域内供水、排水、供电、供气、供热、通信、广播电视等地下管线资料,气象和水文观测资料,相邻建筑物和构筑物、地下工程的有关资料,并保证资料的真实、准确、完整。

建设单位有下列行为之一的,责令限期改正,处20万元以上50万元以下的罚款;造成重大安全事故,构成犯罪的,对直接责任人员,依照刑法有关规定追究刑事责任;造成损失的,依法承担赔偿责任:

① 对勘察、设计、施工、工程监理等单位提出不符合安全生产法律、法规和

强制性标准规定的要求的；

② 要求施工单位压缩合同约定的工期的；

③ 将拆除工程发包给不具有相应资质等级的施工单位的。

(2) 勘察、设计单位相关的安全责任

《建设工程安全生产管理条例》规定,勘察单位应当按照法律、法规和工程建设强制性标准进行勘察,提供的勘察文件应当真实、准确,满足建设工程安全生产的需要。设计单位应当按照法律、法规和工程建设强制性标准进行设计,防止因设计不合理导致生产安全事故的发生。

《建设工程安全生产管理条例》规定,勘察单位、设计单位有下列行为之一的,责令限期改正,处 10 万元以上 30 万元以下的罚款；情节严重的,责令停业整顿,降低资质等级,直至吊销资质证书；造成重大安全事故,构成犯罪的,对直接责任人员,依照刑法有关规定追究刑事责任；造成损失的,依法承担赔偿责任：

① 未按照法律、法规和工程建设强制性标准进行勘察、设计的；

② 采用新结构、新材料、新工艺的建设工程和特殊结构的建设工程,设计单位未在设计中提出保障施工作业人员安全和预防生产安全事故的措施建议的。

(3) 工程监理、检验检测单位相关的安全责任

《建设工程安全生产管理条例》规定,工程监理单位应当审查施工组织设计中的安全技术措施或者专项施工方案是否符合工程建设强制性标准。在实施监理过程中,发现存在安全事故隐患的,应当要求施工单位整改；情节严重的,应当要求施工单位暂停施工,并及时报告建设单位。施工单位拒不整改或者不停止施工的,工程监理单位应当及时向有关主管部门报告。

《建设工程安全生产管理条例》规定,工程监理单位和监理工程师应当按照法律、法规和工程建设强制性标准实施监理,并对建设工程安全生产承担监理责任。

《安全生产法》规定,承担安全评价、认证、检测、检验的机构应当具备国家规定的资质条件,并对其做出的安全评价、认证、检测、检验的结果负责。

《安全生产法》规定,承担安全评价、认证、检测、检验工作的机构,出具虚假证明的,没收违法所得；违法所得在 10 万元以上的,并处违法所得 2 倍以上 5 倍以下的罚款；没有违法所得或者违法所得不足 10 万元的,单处或者并处 10 万元以上 20 万元以下的罚款；对其直接负责的主管人员和其他直接责任人员

处 2 万元以上 5 万元以下的罚款；给他人造成损害的，与生产经营单位承担连带赔偿责任；构成犯罪的，依照刑法有关规定追究刑事责任。对有前款违法行为的机构，吊销其相应资质。

(4) 机械设备等单位相关的安全责任

《建设工程安全生产管理条例》规定，为建设工程提供机械设备和配件的单位，应当按照安全施工的要求配备齐全有效的保险、限位等安全设施和装置。出租的机械设备和施工机具及配件，应当具有生产(制造)许可证、产品合格证。出租单位应当对出租的机械设备和施工机具及配件的安全性能进行检测，在签订租赁协议时，应当出具检测合格证明。禁止出租检测不合格的机械设备和施工机具及配件。在施工现场安装、拆卸施工起重机械和整体提升脚手架、模板等自升式架设设施，必须由具有相应资质的单位承担。

《建设工程安全生产管理条例》规定，为建设工程提供机械设备和配件的单位，未按照安全施工的要求配备齐全有效的保险、限位等安全设施和装置的，责令限期改正，处合同价款 1 倍以上 3 倍以下的罚款；造成损失的，依法承担赔偿责任。

出租单位出租未经安全性能检测或者经检测不合格的机械设备和施工机具及配件的，责令停业整顿，并处 5 万元以上 10 万元以下的罚款；造成损失的，依法承担赔偿责任。

施工起重机械和整体提升脚手架、模板等自升式架设设施安装、拆卸单位有下列行为之一的，责令限期改正，处 5 万元以上 10 万元以下的罚款；情节严重的，责令停业整顿，降低资质等级，直至吊销资质证书；造成损失的，依法承担赔偿责任：

① 未编制拆装方案、制定安全施工措施的；

② 未由专业技术人员现场监督的；

③ 未出具自检合格证明或者出具虚假证明的；

④ 未向施工单位进行安全使用说明，办理移交手续的。

(5) 政府主管部门安全监督管理的相关规定

《安全生产法》规定，负有安全生产监督管理职责的部门依照有关法律、法规的规定，对涉及安全生产的事项需要审查批准(包括批准、核准、许可、注册、认证、颁发证照等，下同)或者验收的，必须严格依照有关法律、法规和国家标准或者行业标准规定的安全生产条件和程序进行审查；不符合有关法律、法规和国家标准或者行业标准规定的安全生产条件的,不得批准或者验收通过。对未依法取得批准或者验收合格的单位擅自从事有关活动的,负责行政审批的部门发现或者接到举报后应当立即予以取缔,并依法予以处理。对已经依法取得批准的单位,负责行政审批的部门发现其不再具备安全生产条件的,应当撤销原批准。

3.1.6 建设工程质量法律制度

建设工程作为一种特殊产品,是人类生存和发展的基本条件与重要基础。一旦发生质量事故,特别是重大垮塌事故,必将危及人民生命财产安全,甚至造成巨额损失。因此,必须努力提高建设工程质量水平,确保其安全可靠。

3.1.6.1 工程建设标准

2017年11月颁布的《中华人民共和国标准化法》(以下简称《标准化法》)规定,我国的标准分为国家标准、行业标准、地方标准和企业标准。国家标准、行业标准分为强制性标准和推荐性标准。保障人体健康,人身、财产安全的标准和法律、行政法规规定强制执行的标准是强制性标准,其他标准是推荐性标准。

工程建设标准相关违法行为应承担的主要法律责任如下:

(1) 建设单位违法行为应承担的法律责任

《建筑法》规定,建设单位违反本法规定,要求建筑设计单位或者建筑施工企业违反建筑工程质量、安全标准,降低工程质量的,责令整改,可以处以罚款;构成犯罪的,依法追究刑事责任。

(2) 勘察、设计单位违法行为应承担的法律责任

《建筑法》规定,建筑设计单位不按照建筑工程质量、安全标准进行设计的,责令改正,处以罚款;造成工程质量事故的,责令停业整顿,降低资质等级或者吊销资质证书,没收违法所得,并处罚款;造成损失的,承担赔偿责任;构成犯罪的,依法追究刑事责任。

(3) 施工企业违法行为应承担的法律责任

《建筑法》规定,建筑施工企业在施工中偷工减料的,使用不合格的建筑材料、建筑构配件和设备的,或者有其他不按照工程设计图纸或者施工技术标准施工的行为的,责令改正,处以罚款;情节严重的,责令停业整顿,降低资质等级或者吊销资质证书;造成建筑工程质量不符合规定的质量标准的,负责返工、修

理,并赔偿因此造成的损失;构成犯罪的,依法追究刑事责任。

(4) 工程监理单位违法行为应承担的法律责任

《实施工程建设强制性标准监督规定》规定,工程监理单位违反强制性标准规定,将不合格的建设工程以及建筑材料、建筑构配件和设备按照合格签字的,责令改正,处 50 万元以上 100 万元以下的罚款,降低资质等级或者吊销资质证书;有违法所得的,予以没收;造成损失的,承担连带赔偿责任。

(5) 相关主体的刑事责任

《建设工程质量管理条例》规定,建设单位、设计单位、施工单位、工程监理单位违反国家规定,降低工程质量标准,造成重大安全事故,构成犯罪的,对直接责任人员依法追究刑事责任。

3.1.6.2 施工单位的质量责任和义务

《建筑法》规定,建筑施工企业对工程的施工质量负责。建筑工程实行总承包的,工程质量由工程总承包单位负责,总承包单位将建筑工程分包给其他单位的,应当对分包工程的质量与分包单位承担连带责任。分包单位应当接受总承包单位的质量管理。

施工单位质量违法行为应承担的主要法律责任分为如下几类:

(1) 违反资质管理规定和转包、违法分包造成质量问题应承担的法律责任

《建筑法》规定,建筑施工企业转让、出借资质证书或者以其他方式允许他人以本企业的名义承揽工程的……对因该项承揽工程不符合规定的质量标准造成的损失,建筑施工企业与使用本企业名义的单位或者个人承担连带赔偿责任。

(2) 偷工减料等违法行为应承担的法律责任

《建筑法》规定,建筑施工企业在施工中偷工减料的,使用不合格的建筑材料、建筑构配件和设备的,或者有其他不按照工程设计图纸或者施工技术标准施工的行为的,责令改正,处以罚款;情节严重的,责令停业整顿,降低资质等级或者吊销资质证书;造成建筑工程质量不符合规定的质量标准的,负责返工、修理,并赔偿因此造成的损失;构成犯罪的,依法追究刑事责任。

(3) 项目经理违法行为应承担的法律责任

《建筑工程五方责任主体项目负责人质量终身责任追究暂行办法》规定,符合下列情形之一的,县级以上地方人民政府住房城乡建设主管部门应当依法追

究项目负责人的质量终身责任:

① 发生工程质量事故;

② 发生投诉、举报、群体性事件、媒体报道并造成恶劣社会影响的严重工程质量问题;

③ 由于勘察、设计或施工原因造成尚在设计使用年限内的建筑工程不能正常使用;

④ 存在其他需追究责任的违法违规行为。

(4) 检验检测违法行为应承担的法律责任

《建设工程质量管理条例》规定,施工单位未对建筑材料、建筑构配件、设备和商品混凝土进行检验,或者未对涉及结构安全的试块、试件以及有关材料取样检测的,责令改正,处10万元以上20万元以下的罚款;情节严重的,责令停业整顿,降低资质等级或者吊销资质证书;造成损失的,依法承担赔偿责任。

(5) 构成犯罪的追究刑事责任

《建设工程质量管理条例》规定,建设单位、设计单位、施工单位、工程监理单位违反国家规定,降低工程质量标准,造成重大安全事故,构成犯罪的,对直接责任人员依法追究刑事责任。

3.1.6.3　建设单位及相关单位的质量责任和义务

《建筑工程五方责任主体项目负责人质量终身责任追究暂行办法》明确规定,建筑工程五方责任主体项目负责人是指承担建筑工程项目建设的建设单位项目负责人、勘察单位项目负责人、设计单位项目负责人、施工单位项目经理、监理单位总监理工程师。

《建筑法》规定,建设单位违反本法规定,要求建筑设计单位或者建筑施工企业违反建筑工程质量、安全标准,降低工程质量的,责令整改,可以处以罚款;构成犯罪的,依法追究刑事责任。

建筑设计单位不按照建筑工程质量、安全标准进行设计的,责令改正,处以罚款;造成工程质量事故的,责令停业整顿,降低资质等级或者吊销资质证书,没收违法所得,并处罚款;造成损失的,承担赔偿责任;构成犯罪的,依法追究刑事责任。

工程监理单位与建设单位或者建筑施工企业串通、弄虚作假、降低工程质量的,责令改正,处以罚款,降低资质等级或者吊销资质证书;有违法所得的,予以没收;造成损失的,承担连带赔偿责任;构成犯罪的,依法追究刑事责任。

国家机关工作人员在建设工程质量监督管理工作中玩忽职守、滥用职权、徇私舞弊,构成犯罪的,依法追究刑事责任;尚不构成犯罪的,依法给予行政处分。

3.1.6.4　建设工程竣工验收制度

《建筑法》规定,交付竣工验收的建筑工程,必须符合规定的建筑工程质量标准,有完整的工程技术经济资料和经签署的工程保修书,并具备国家规定的其他竣工条件。建筑工程竣工经验收合格后,方可交付使用;未经验收或者验收不合格的,不得交付使用。

《房屋建筑和市政基础设施工程竣工验收备案管理办法》规定,建设单位在工程竣工验收合格之日起 15 日内未办理工程竣工验收备案的,备案机关责令限期改正,处 20 万元以上 50 万元以下罚款。

3.1.6.5　建设工程质量保修制度

《建筑法》《建设工程质量管理条例》均规定,建设工程实行质量保修制度。

《建设工程质量管理条例》规定,在正常使用条件下,建设工程的最低保修期限如下:

(1) 基础设施工程、房屋建筑的地基基础工程和主体结构工程,为设计文件规定的该工程的合理使用年限;

(2) 房屋防水工程、有防水要求的卫生间、房间和外墙面的防渗漏,为 5 年;

(3) 供热与供冷系统,为 2 个采暖期、供冷期;

(4) 电气管线、给排水管道、设备安装和装修工程,为 2 年。

其他项目的保修期限由发包方与承包方约定。

《建筑法》规定,建筑施工企业违反本法规定,不履行保修义务的责令改正,可以处以罚款,并对在保修期内因屋顶、墙面渗漏、开裂等质量缺陷造成的损失,承担赔偿责任。

3.1.7　解决建设工程纠纷法律制度

所谓法律纠纷是指公民、法人、其他组织之间因人身、财产或其他法律关系所发生的对抗冲突(或者争议),主要包括民事纠纷、行政纠纷、刑事纠纷。

3.1.7.1 建设工程纠纷主要种类和法律解决途径

建设工程项目通常具有投资大、建设周期长、技术要求高、协作关系复杂和政府监管严格等特点,因而在建设工程领域里常见的是民事纠纷和行政纠纷。

发包人和承包人就有关工期、质量、造价等产生的建设工程合同争议,是建设工程领域最常见的民事纠纷。

民事纠纷的法律解决途径主要有四种:和解、调解、仲裁、诉讼。

建设工程行政纠纷,是在建设工程活动中行政机关之间或行政机关同公民、法人和其他组织之间由于行政行为而引起的纠纷。

行政纠纷的法律解决途径主要有两种,即行政复议和行政诉讼。

3.1.7.2 民事诉讼制度

《民事诉讼法》规定的民事案件的管辖,包括级别管辖、地域管辖、移送管辖、指定管辖和管辖权转移。人民法院受理案件后,被告有权针对人民法院对案件是否有管辖权提出异议,这是当事人的一项诉讼权利。

人民法院在审理案件时,人民法院审理民事案件,必须以事实为根据,以法律为准绳。民事诉讼当事人有平等的诉讼权利。人民法院审理民事案件,应当保障和便利当事人行使诉讼权利,对当事人在适用法律上一律平等。

人民法院审理民事案件,应当根据自愿和合法的原则进行调解;调解不成的,应当及时判决。人民法院审理民事案件,依照法律规定实行合议、回避、公开审判和两审终审制度。

3.1.7.3 仲裁制度

仲裁是解决民商事纠纷的重要方式之一,仲裁有下列三项基本制度:

(1) 协议仲裁制度。仲裁协议是当事人仲裁自愿的体现,当事人申请仲裁,仲裁委员会受理仲裁、仲裁庭对仲裁案件的审理和裁决,都必须以当事人依法订立的仲裁协议为前提。《中华人民共和国仲裁法》(以下简称《仲裁法》)规定,没有仲裁协议,一方申请仲裁的,仲裁委员会不予受理。

(2) 或裁或审制度。仲裁和诉讼是两种不同的争议解决方式,当事人只能选用其中的一种。《仲裁法》规定,当事人达成仲裁协议,一方向人民法院起诉的,人民法院不予受理,但仲裁协议无效的除外。

(3) 一裁终局制度。仲裁实行一裁终局的制度。裁决作出后,当事人就同一纠纷再申请仲裁或者向人民法院起诉的,仲裁委员会或者人民法院不予受理。

3.1.7.4 调解、和解制度与争议评审

(1) 调解的规定

我国的调解方式主要有：

① 人民调解。2010年8月颁布的《中华人民共和国人民调解法》(以下简称《人民调解法》)规定，人民调解"是指人民调解委员会通过说服、疏导等方式，促使当事人在平等协商基础上自愿达成调解协议，解决民间纠纷的活动"。人民调解制度作为一种司法辅助制度，是人民群众自己解决纠纷的法律制度，也是一种具有中国特色的司法制度。

② 行政调解。行政调解是指国家行政机关应当事人的请求，依据法律、法规和政策，对属于其职权管辖范围内的纠纷，通过耐心的说服教育，使纠纷的双方当事人互相谅解，在平等协商的基础上达成一致协议，促成当事人解决纠纷。行政调解属于诉讼外调解。行政调解达成的协议不具有强制约束力。

③ 仲裁调解。仲裁调解是仲裁机构对受理的仲裁案件进行的调解。仲裁庭在作出裁决前，可以先行调解。当事人自愿调解的，仲裁庭应当调解。

④ 法院调解。《民事诉讼法》规定："人民法院审理民事案件，根据当事人自愿的原则，在事实清楚的基础上，分清是非，进行调解。"法院调解是人民法院对受理的民事案件、经济纠纷案件和轻微刑事案件在双方当事人自愿的基础上进行的调解，是诉讼内调解。法院调解书经双方当事人签收后，即具有法律效力，效力与判决书相同。

⑤ 专业机构调解。专业机构调解是当事人在发生争议前或争议后，协议约定由依法成立的具有独立调解规则的机构按照其调解规则进行调解。我国从事专业民商事调解的机构有中国国际商会(中国贸促会)调解中心、北京仲裁委员会调解中心等。

(2) 和解的规定

和解的应用很灵活，可以在多种情形下达成和解协议。和解与调解的区别在于：和解是当事人之间自愿协商，达成协议，没有第三方参加，而调解是在第三方主持下进行疏导、协调，使之互相谅解，自愿达成协议。

(3) 争议评审机制的规定

建设工程争议评审(以下简称争议评审)，是指在工程开始时或工程进行过程中当事人选择的独立于任何一方当事人的争议评审专家(通常是3人，小型

工程 1 人)组成评审小组,就当事人发生的争议及时提出解决问题的建议或者作出决定的争议解决方式。

如果当事人不接受评审组的建议或者裁决,仍可通过仲裁或者诉讼的方式解决争议。

3.1.7.5 行政复议和行政诉讼制度

行政复议、行政诉讼处理和解决的都是行政争议,但二者又有着明显区别。

行政复议是指行政机关根据上级行政机关对下级行政机关的监督权,在当事人的申请和参加下,按照行政复议程序对具体行政行为进行合法性和适当性审查,并作出决定以解决行政侵权争议的活动。

行政诉讼是指人民法院应当事人的请求,通过审查具体行政行为合法性的方式,解决特定范围内行政争议的活动。

(1) 行政许可和行政强制

与建设工程密切相关且容易引发争议的具体行政行为是行政许可和行政强制。

行政许可是指行政机关根据公民、法人或者其他组织的申请,经依法审查,准予其从事特定活动的行为。

2011 年 6 月颁布的《中华人民共和国行政强制法》规定,本法所称行政强制,包括行政强制措施和行政强制执行。

行政强制措施,是指行政机关在行政管理过程中,为制止违法行为、防止证据损毁、避免危害发生、控制危险扩大等情形,依法对公民的人身自由实施暂时性限制,或者对公民、法人或者其他组织的财务实施暂时性控制的行为。行政强制执行,是指行政机关或者行政机关申请人民法院,对不履行行政决定的公民、法人或者其他组织,依法强制履行义务的行为。

(2) 行政复议

行政复议的目的是防止和纠正违法的或者不当的具体行政行为,保护公民、法人和其他组织的合法权益,保障和监督行政机关依法行使职权。因此,只要是公民、法人或者其他组织认为行政机关的具体行政行为侵害其合法权益,就有权向行政机关提出行政复议申请。

(3) 行政诉讼

《行政诉讼法》规定,人民法院公开审理行政案件,但涉及国家秘密、个人隐私和法律另有规定的除外。涉及商业秘密的案件,当事人申请不公开审理的,可以不公开审理。

(4) 行使行政职权时侵权的赔偿责任

公民、法人或者其他组织的合法权益受到行政机关或者行政机关工作人员作出的具体行政行为侵犯造成损害的,有权请求赔偿。公民、法人或者其他组织单独就损害赔偿提出请求,应当先由行政机关解决。对行政机关的处理不服,可以向人民法院提起诉讼。赔偿诉讼可以适用调解。

3.2 遵守合同的原则

合同是指具有平等民事主体资格的当事人,为了达到一定的目的,经过自愿、平等、协商一致而设立、变更、终止民事权利义务关系而达成的协议。

市场经济在某种意义上说是法治经济,或者说是契约经济。企业的经济往来,主要是通过合同形式进行的。所以,一个企业的经营成败与合同及合同管理有密切关系。因此,工程项目管理人员在工作中必须养成遵守合同,严格按合同约定开展工作的行为习惯。

合同管理是建设工程全过程、全寿命周期的工作,其重要性包括:

(1) 工程中的合同数量众多、关系复杂,合同管理在各项管理中处于支配地位,起主导作用。

(2) 工程项目建设周期长,建造过程复杂,过程中的冲突、争执、风险多,而合同是预防风险,解决冲突和争执,进行索赔和反索赔的法律依据。

(3) 合同条款中对项目的各类目标均有明确的约束性要求,因此,合同管理是实现项目整体目标的根本保障。

3.2.1 合同管理的法律依据

目前,我国与合同管理相关的立法体系已基本完善,与其直接相关的法律包括以下几种:

(1)《民法典》

《民法典》是我国第一部以"法典"命名的法律,系统整合了中华人民共和国成立70多年来长期实践形成的民事法律规范,是调整平等主体的自然人、法人和非法人组织之间的人身关系和财产关系的基本法律。工程项目合同的订立和履行也要遵守其基本规定,工程项目实施过程中,会涉及大量的合同,均需遵守《民法典》的规定。

(2)《招标投标法》

《招标投标法》是规范工程建设市场竞争的主要法律,也是规范合同管理行为的法律,能够有效地实现公开、公平、公正的竞争。国家对工程项目招标的范围和规模有明确的规定,必须通过招标投标确定承包人,发包人和承包人的合同行为也必须遵守《招标投标法》的规定。

(3)《建筑法》

《建筑法》是规范建筑活动的基本法律,工程项目合同的订立和履行就是一种建筑活动,合同的内容也必须遵守《建筑法》的规定。

(4)其他法律

工程项目合同的订立和履行还涉及其他一些法律,包括(但不限于):《中华人民共和国保险法》《中华人民共和国劳动法》《中华人民共和国仲裁法》《中华人民共和国民事诉讼法》。

经过多年的努力,我国的工程项目合同已经形成了一个完整的体系。为提示当事人在订立合同时更好地明确各自的权利义务,防止合同纠纷,根据《民法典》等有关法律法规,在国家发展改革委等九部委联合出台的《标准施工招标文件》《简明标准施工招标文件》《标准设计施工总承包招标文件》《标准勘察招标文件》《标准设计招标文件》《标准监理招标文件》《标准材料采购招标文件》《标准设备采购招标文件》中,均包括有合同文本,基本上覆盖了工程项目的建设全过程。

3.2.2 国际咨询工程师联合会合同范本

FIDIC 是国际咨询工程师联合会(Fédération Internationale Des Ingénieurs Conseils,法文缩写 FIDIC),中文音译为"菲迪克";其英文名称是 International Federation of Consulting Engineers。它成立于 1913 年,是国际工程咨询界最具权威的组织。中国工程咨询协会(CNAEC)于 1996 年代表我国工程咨询业加入 FIDIC,成为其会员。

FIDIC 对全球工程建设和管理领域的贡献之一,就是提供了一个重要的知识宝库——FIDIC 文献。FIDIC 文献确立了工程咨询行业先进的管理理念和科学的管理方法,构成了 FIDIC 完善的知识体系。它制定的有关工程建设、项目管理的合同条款等,已被联合国、世界银行、亚洲银行等国际组织普遍认同和广泛采用。

3.2.2.1 FIDIC 合同范本的种类

FIDIC 出版的合同范本包括两大类:一类是工程合同范本,即用于业主与承包商之间以及承包商与分包商之间的合同范本(简称"工程合同");另一类是工程咨询服务合同范本,主要用于咨询服务公司与业主之间以及咨询服务公司之间等签订的咨询服务协议或合作协议(简称"咨询服务合同")。

FIDIC 条款结构严密,逻辑性强,内容广泛具体,可操作性强。FIDIC 出版的工程合同范本有:

(1)《土木工程施工合同条件》(1987 年第 4 版,1992 年修订版)(红皮书);

(2)《电气与机械工程合同条件》(1988 年修订版)(黄皮书);

(3)《土木工程施工分包合同条件》(1994 年第 1 版)(与红皮书配套使用);

(4)《设计—建造与交钥匙工程合同条件》(1995 年版)(桔皮书);

(5)《施工合同条件》(1999 年第 1 版);

(6)《生产设备和设计—施工合同条件》(1999 年第 1 版);

(7)《设计采购施工(EPC)/交钥匙工程合同条件》(1999 年第 1 版);

(8)《简明合同格式》(1999 年第 1 版);

(9) 多边开发银行统一版《施工合同条件》(2005 年版)等等。

FIDIC 出版的咨询服务合同范本,通常适用于应用功能比较单一、条款比较简单的合同。目前常用的协议书范本有:

(1)《客户/咨询工程师(单位)服务协议书范本》(1998 年第 3 版)(白皮书);

(2)《客户/咨询工程师(单位)服务协议书》;

(3)《代表性协议范本》(新);

(4)《联营(联合)协议书》;

(5)《咨询分包协议书》。

3.2.2.2 FIDIC 主要合同范本及其适用范围

(1)《施工合同条件》

《施工合同条件》(*Conditions of Contract for Construction*),简称"新红皮书"。该文件推荐用于有雇主或其代表——工程师设计的建筑或工程项目,主要用于单价合同。在这种合同形式下,通常由工程师负责监理,由承包商按照雇主提供的设计施工,但也可以包含由承包商设计的土木、机械、电气和构筑物的某些部分。

(2)《生产设备和设计—施工合同条件》

《生产设备和设计—施工合同条件》(Conditions of Contract for Plant and Design-Build),简称"新黄皮书"。该文件推荐用于电气和(或)机械设备供货和建筑或工程的设计与施工,通常采用总价合同。由承包商按照雇主的要求,设计和提供生产设备和(或)其他工程,可以包括土木、机械、电气和建筑物的任何组合,进行工程总承包。但也可以对部分工程采用单价合同。

(3)《设计采购施工(EPC)/交钥匙工程合同条件》

《设计采购施工(EPC)/交钥匙工程合同条件》(Conditions of Contract for EPC/Turnkey Projects),简称"银皮书"。该文件可适用于以交钥匙方式提供工厂或类似设施的加工或动力设备、基础设施项目或其他类型的开发项目,采用总价合同。这种合同条件下,项目的最终价格和要求的工期具有更大程度的确定性;由承包商承担项目实施的全部责任,雇主很少介入。即由承包商进行所有的设计、采购和施工,最后提供一个设施配备完整、可以投产运行的项目。

(4)《简明合同格式》

《简明合同格式》(Short Form of Contract),简称"绿皮书"。该文件适用于投资金额较小的建筑或工程项目。根据工程的类型和具体情况,这种合同格式也可用于投资金额较大的工程,特别是较简单的、或重复性的、或工期短的工程。在此合同格式下,一般都由承包商按照雇主或其代表——工程师提供的设计实施工程,但对于部分或完全由承包商设计的土木、机械、电气和(或)构筑物的工程,此合同也同样适用。

(5)《客户/咨询工程师(单位)服务协议书范本》

《客户/咨询工程师(单位)服务协议书范本》(白皮书第 3 版),用于建设项目业主同咨询工程师签订服务协议书时参考使用。适用于由咨询工程师提供项目的投资机会研究、可行性研究、工程设计、招标评标、合同管理、生产准备和运营等涉及建设全过程的各种咨询服务内容。

在该协议书中,对客户和工程咨询单位的职责、义务、风险分担和保险等方面在条款内容上做了更加明确的规定,增加了反腐败条款和友好解决争端等条款,更好地适应了当前工程市场的需要。这对加强工程咨询市场的规范化,提高工程咨询质量,进而提升项目决策和管理水平有较大的帮助。

3.2.2.3　FIDIC合同范本的应用

FIDIC合同条件是在总结了各个国家、各个地区的业主、咨询工程师和承包商各方经验基础上编制出来的,也是在长期的国际工程实践中形成并逐渐发展成熟起来的,是目前国际上广泛采用的高水平的、规范的合同条件。这些条件具有国际性、通用性和权威性。其合同条款公正合理,职责分明,程序严谨,易于操作。考虑到工程项目的一次性、唯一性等特点,FIDIC合同条件分成了"通用条件"(General Conditions)和"专用条件"(Conditions of Particular Application)两部分。通用条件适于某一类工程。如红皮书适于整个土木工程(包括工业厂房、公路、桥梁、水利、港口、铁路、房屋建筑等)。专用条件则针对一个具体的工程项目,是在考虑项目所在国法律法规不同、项目特点和业主要求不同的基础上,对通用条件进行的具体化的修改和补充。

(1) 合同管理中对比分析使用

许多国家在学习、借鉴FIDIC合同条件的基础上,编制了一系列适合本国国情的标准合同条件。这些合同条件的项目和内容与FIDIC合同条件大同小异。主要差异体现在处理问题的程序规定上以及风险分担规定上。FIDIC合同条件的各项程序是相当严谨的,处理业主和承包商风险、权利及义务也比较公正。因此,业主、咨询工程师、承包商通常都会将FIDIC合同条件作为一把尺子,与工作中遇到的其他合同条件相对比,进行合同分析和风险研究,制定相应的合同管理措施,防止合同管理上出现漏洞。

(2) 在合同谈判中使用

FIDIC合同条件的国际性、通用性和权威性使合同双方在谈判中可以以"国际惯例"为理由要求对方对其合同条款的不合理、不完善之处作出修改或补充,以维护双方的合法权益。这种方式在国际工程项目合同谈判中普遍使用。

(3) 部分选择使用

即使不全文采用FIDIC合同条件,在编制招标文件、分包合同条件时,仍可以部分选择其中的某些条款、某些规定、某些程序甚至某些思路,使所编制的文件更完善、更严谨。在项目实施过程中,也可以借鉴FIDIC合同条件的思路和程序来解决和处理有关问题。

系统地、认真地学习和掌握 FIDIC 合同条件是每一位工程管理人员掌握现代化项目管理、合同管理理论和方法，提高管理水平的基本要求，也是我国工程项目管理与国际接轨的基本条件。进一步加强这方面的学习，关注和及时获取这方面的信息，对提高管理水平是十分有益的。

3.3 遵守职业道德的原则

遵守职业道德是一种职业规范，是社会对工程管理从业人员的基本要求。国家发展和改革委员会于 2017 年发布的《工程咨询行业管理办法》中，对工程咨询（管理）人员提出了"遵守职业道德，廉洁从业"的要求，但并没有对具体的内容进行说明。

美国项目管理协会出版的《PMI 道德与专业行为规范》确定了项目管理界最重要的四项价值观的基础（或称职业行为原则）：责任、尊重、公平、诚实。本规范描述了全球项目管理领域执业人员的期望，清楚地表达了执业人员必须遵循的行为规范，目的是在项目管理专业领域帮助个人成为更好的专业执业人员。

无论组织和个人，通过遵守上述道德规范和职业行为准则，都将推进项目管理专业领域的发展。同时，将有助于执业人员做出明智的决策，特别是面临需要对诚信原则和价值观妥协的困难局面时。

3.3.1 责任

责任是我们对所制定或未制定的决策、我们所采取或未能采取的行动及由此产生的后果所承担的职责，不管结果是好的还是不好的。

作为项目管理领域的执业人士，应做到以下几点：

（1）我们所作的决策和采取的行动要符合社会、公众安全和环境的最大利益。

（2）我们只接受和我们的背景、经验、技能和资格相匹配的任务。

当考虑发展或延伸的任务时，我们必须使主要的利益相关者及时全面地了解我们的资质与要求的距离，以便他们在信息充分的条件下做出决策。在合同安排时，我们只投标我们组织能胜任的工作并只安排能胜任的个人来承担任务。

(3) 我们履行我们担负的承诺——做我们说过要做的。

(4) 当我们犯错或疏忽时，立即承担责任并迅速改正。当我们发现别人的错误或疏忽时，立即和相应的机构沟通情况。我们将对任何我们所犯的错误和疏忽以及产生的后果负责。

(5) 我们保护出于信任交付给我们的专利或保密信息。

(6) 我们提醒并鼓励自己在日常工作中、专业领域和志愿活动中遵循指导工作的政策、规定、规章和法律。

(7) 我们要将不道德或非法的行为报告相应的管理层，如果必要，还要知会受行为影响的有关各方。

具体而言，我们不参与任何非法行为，包括但不限于：偷窃、欺骗、贪污、侵占和贿赂。而且，我们不使用或滥用他人的产权，包括知识产权。我们不参与诽谤和侮辱。

作为我们这个领域的实践者和代表，我们不宽恕或帮助他人参与非法行为。我们将举报任何非法和不道德行为。举报并非易事，我们也意识到可能会有负面后果。许多公司开始制定政策保护揭露真相的员工，一些政府也制定了相关的法令来保护这些员工。

我们将违反本规范的行为报告给适当的机构来解决。我们只提交有确凿证据的违法检举。这些条款的意义是，无论作为投诉者或回答者，我们都要和企业通力合作。我们也要避免在没有确凿证据的情况下指控他人。我们对那些故意诬告他人的个人采取纪律惩戒。我们全力支持本准则并互相对此负责。

3.3.2 尊重

尊重是指对我们自己、他人以及托付给我们的各种资源表现高度的重视。托付给我们的资源包括：人力、资金、声誉、他人的安全以及自然和环境资源。

互相尊重的环境产生信任、信心，并在各种多元化的看法和观点得到鼓励和认可的氛围里打造互相合作的氛围，从而实现卓越。

作为项目管理领域的执业人士，应做到：

(1) 我们要了解他人的标准和习俗，以免做出他人认为不尊重的行为。

(2) 我们要倾听他人的观点，力求理解他们。

(3) 我们和有冲突和异议的人士直接接近并解决问题。

(4) 我们以专业的方式行事，即使得不到回报。

这些规定的一个意义是我们避免传播谣言，避免做出消极评估，损害他人声望。在规范下我们还有责任与参与这些类型行为的人进行对抗。

(1) 我们谈判时遵循诚信善意原则。

(2) 我们不能利用专业权力或地位影响他人的决策和行动，并以此为代价谋取自己的个人利益。

(3) 我们不能用极端的态度对待他人。

(4) 我们尊重他人的财产权利。

3.3.3 公平

公平是指我们有责任无偏见和客观地做出决策。我们的行为必须和利益冲突、偏见和个人喜好划清界限。

作为项目管理领域的执业人士应做到：

(1) 我们的决策程序要体现公开透明。

(2) 我们要持续地检查我们的公平性和客观性，并在适当时采取纠正措施。

(3) 我们对授权获得信息的每个人提供平等的访问权。

(4) 我们对符合资质的候选人提供相等的机会。

(5) 当出现利益冲突时应该做到：

① 我们要主动和全面地向合适的利益相关者披露所有现实和潜在的利益冲突。

② 当我们意识到有现实和潜在的利益冲突时，我们不会参与决策制定过程或试图影响结果。除非或直到以下情况发生：我们已经对受影响的利害关系者完全披露了信息；我们有了批准的缓解计划；我们已获得利害关系者的同意继续推进。

当面临利益冲突时，执业人员所能采取的唯一冲突解决方式是将冲突信息披露给受影响的各方，让他们决定执业人员如何继续进行。

(6) 关于偏袒和歧视应做到：

① 我们不基于个人考虑，包括但不限于偏好、裙带关系，或贿赂，来雇佣或解雇员工，奖励或惩罚员工，授予或拒绝合同。

② 我们不因性别、种族、年龄、宗教信仰、残疾、国籍或性取向等原因歧视他人。

③ 我们不带偏好和偏见地实施组织的规则。

3.3.4　诚实

诚实是指我们要了解真相，并在沟通和行为中保持真诚的态度。

作为项目管理领域的执业人士，应做到：

（1）我们认真地寻求了解真相。

（2）我们在沟通和行为中保持诚实。

（3）我们及时提供准确信息。

这些条款的意义是，我们采取适当的步骤来确保我们的决策所基于的信息或提供给他人的信息是准确、可靠和及时的，这包括我们有勇气分享坏消息。同时，当结果是负面时，我们要避免隐藏消息或推卸责任。而当结果是正面时，我们要避免因他人的成就而居功。这些条款增强了我们对诚实和责任的承诺。

（4）我们以诚信善意的原则履行承诺，无论是明示或暗示。

（5）我们努力营造这样的环境，让他人感到说出实情是安全的。

（6）我们不能涉及或容忍欺骗他人的行为，包括但不限于：制造误导或错误的声明，公开声明不完全可靠的事件，提供断章取义的信息或者隐藏信息致使我们的声明形成误导。

（7）我们决不涉及不诚实的行为，以达到获取自身利益或者牺牲他人利益的目的。

第 4 章

项目经理的角色

项目经理在领导项目团队达成项目目标方面发挥着至关重要的作用,在整个项目期间,这个角色的作用非常明显。很多项目经理从项目启动时就参与项目,直到项目结束。不过,在某些组织内,项目经理可能会在项目启动之前就参与评估和分析活动,这些活动可能包括咨询管理层和业务部门领导者的想法,以推进战略目标的实现、提高组织绩效,或满足客户需求等。

项目经理还可能参与后续跟进活动,以实现项目的商业效益。不同组织对项目经理的角色有不同的定义,但本质上都需要项目管理角色符合组织需求,如同项目管理过程需要符合项目需求一样。

项目经理的角色不同于职能经理或运营经理。一般而言,职能经理专注于对某个职能领域或业务部门的管理监督,运营经理负责保证业务运营的高效性。

4.1 项目经理的能力要求

项目经理是由执行组织委派,领导团队实现项目目标的个人。总体而言,项目经理应具备三个方面的能力:技术管理能力、领导能力、战略和商务管理能力。

4.1.1 技术管理能力

技术管理能力指有效运用项目管理知识实现项目的预期成果的能力。项目经理不可能全部掌握项目所需的技术专业知识,以一己之力管控整个项目,项目经理经常会依赖专家判断来有效开展工作。项目经理必须了解团队中个人专长以及如何找到具备所需专业知识的人员。项目经理需要深入了解专业技术，从而能运用专业术语与项目团队成员进行有效沟通、评估风险，并对成本、进度和技术有所取舍。

优秀的项目经理应具备如下几种关键技能，包括（但不限于）：

（1）重点关注项目的关键技术要素；项目成功的关键因素、进度、问题清单；

（2）适合项目的管理工具、技术和方法；

（3）花时间制订完整的计划并谨慎排定优先顺序；

（4）管理项目要素，包括（但不限于）进度、成本、资源和风险。

规划能力对任何工作都是有益无害的，特别是对大型复杂项目，规划能力的强弱对项目成功与否起到至关重要的作用。项目规划在组织各个层面里都是一个持续的活动，项目经理有责任在项目开始之前准备项目总计划。

项目经理的主要职责是制订计划。如果项目计划执行得好，那么可以预想到在项目经理置身事外的条件下，项目自身能够正常运行。当然，只有极少数项目可以在不需要项目经理解决冲突或权衡机会成本的情况下完成。

在大多数情况下，项目经理制定计划完成项目的总体框架，而由职能经理（这些是真正的专家）填充项目计划的细节。虽然项目经理不能控制或分配部门各类资源，但是他们必须确保足够的资源来满足项目的各项需要。作为项目计划的第一责任人，项目经理必须注意以下问题：

（1）明确项目目标的定义；

（2）明确所需的各项资源；

（3）确定主要的时间节点；

（4）定义最终产品或成果的质量目标和功能性要求；

（5）定义项目成功的标准。

如果项目经理正确而恰当地处理好上述各项任务，那么可以达到：

（1）保证各职能部门理解他们为实现项目目标应负的职责；

（2）保证能够知晓进度计划和关键性资源配置引起的一些问题；

（3）尽早发现那些可能阻碍项目成功的问题，以便及时纠正或调整计划从而预防问题或解决问题。

最后，项目经理需要注意计划是否有些过度。如果计划超过实际承受能力，它就失去了指导工作的意义。项目经理有责任赋予计划和政策更大的灵活性,来防止这种情况的发生。

项目经理要对项目的管理负责,所以他们有权制定自己的政策、程序、规则、方针和准则,当然,这些政策方针要与企业的宏观政策相符合。有着成熟的项目管理结构的企业通常采取相对宽松的企业指导方针,因而项目经理对决定怎样控制他们的项目有一定程度的灵活性。

4.1.2 领导能力

领导力技能包括指导、激励和带领团队的能力。这些技能可能包括沟通、协商、抗压、解决问题、批判性思考和人际关系技能等基本能力。

4.1.2.1 人际交往能力

项目经理通常能获得许多授权,但是没有什么正式权力。因此,他们必须利用人际关系影响来完成工作,人际交往占据项目经理工作的很大一部分。项目经理应研究人的行为和动机,应尽力成为一个好的领导者,因为领导力对项目是否成功至关重要。项目经理需要运用领导力技能和品质与所有项目相关方合作,包括项目团队、职能部门、合作方和项目业主。

项目经理必须熟悉最基本的管理学原理,特别是关于沟通的知识,包括(但不限于)以下方面:

(1) 管理冲突

在复杂的任务管理中,冲突是普遍存在的,冲突引发组织功能紊乱,常常会导致项目决策质量低下,问题拖延不决,团队工作遭受损失等负面影响。了解冲突产生的原因,项目经理就有能力有效处理冲突。为顺利解决冲突,项目经理必须做到:

① 寻求项目需求与资源匮乏的平衡,以建立一个有利于团队行动的工作环境;

② 建立信任;

③ 解决顾虑;

④ 寻求共识;

⑤ 平衡相互竞争和对立的目标;

⑥ 运用说服、协商、妥协和解决冲突的技能;

⑦ 以长远的眼光来看待人际关系。

(2) 管理沟通

① 花大量的时间沟通(研究显示,顶尖的项目经理投入 90% 左右的时间在沟通上);

② 诚恳地接受反馈;

③ 提出建设性的反馈;

④ 询问和倾听。

(3) 尊重他人、诚实可信、遵守职业道德。

4.1.2.2　领导者的品质

研究显示,领导者的品质包括(但不限于):

(1) 有远见(例如能够有理想并向他人诠释愿景);

(2) 积极乐观;

(3) 乐于合作,适当时称赞他人;

(4) 展现出诚信正直和果断、勇敢,能够解决问题;

(5) 终身学习,以结果和行动为导向;

(6) 关注重要的事情,包括持续优化工作、区分优先级,尤其是与项目成功的关键因素相关的事项,对项目的主要制约因素保持警惕等;

(7) 以整体和系统的角度来看待项目,同等对待内部和外部因素;

(8) 能够创建高效的团队,以项目目标为导向。

4.1.2.3　领导力与管理力

"领导力"和"管理"这两个词经常被互换使用,但它们并不是同义词。"管理"更接近于在一片复杂的事物中找到顺序,创造有序性,然后确定实现目标的各个步骤和细节,接着去落实,目的是更有效率。相反,"领导力"指通过收集数据、分析资料来找到模式或者规律,从而创造方向、愿景和策略,目的是带领团队做出好的改变。

为获得成功,项目经理必须同时采用领导力和管理这两种方式。技巧在于如何针对各种情况找到恰当的平衡点。项目经理的领导风格通常体现了他们所采用的管理和领导力方式。表 4-1 从几个重要的层面对管理和领导力进行比较。

表 4–1　团队管理与团队领导力之比较

管　理	领导力
直接利用职位权力	利用关系的力量指导、影响与合作
维护	建设
关注系统和架构	关注人际关系
依赖控制	激发信任
关注近期目标	关注长期愿景
了解方式和时间	了解情况和原因
关注赢利	关注范围
接受现状	挑战现状
做正确的事	做正确的事情
关注可操作的问题和问题的解决	关注愿景、一致性、动力和激励

4.1.3　战略和商务管理能力

战略和商务管理能力包括纵览组织概况并有效协商和执行有利于战略调整和创新的决策和行动的能力。这项能力可能涉及其他职能部门的工作知识，例如财务部、市场部和运营部。项目经理应掌握足够的业务知识，以便开展以下工作：

（1）向其他人解释关于项目的必要商业信息；

（2）与项目发起人、团队和业内专家共同制定合适的项目交付标准及交付策略；

（3）以实现项目商业价值最大化的方式执行策略。

为制定关于项目成功交付的最佳决策，项目经理应咨询具备运营专业知识的运营经理。这些经理应了解组织的工作以及项目计划会对工作造成的影响。对项目经理而言，对项目的了解越多越好，至少应能够向其他人说明关于组织的以下内容：

（1）战略；

（2）使命；

（3）目的和目标；

（4）产品和服务；

（5）运营（例如位置、类型、技术）；

(6) 市场和市场条件,例如客户、市场状况(发展或萎缩)和上市时间因素等;

(7) 竞争(例如对标企业、市场地位)。

当今世界,项目经理必须以企业战略和企业目标为导向。如今的项目经理不仅仅是单纯地管理一个项目,他们也不应该把自己的管理局限在一个项目中,而应该视之为管理企业的一部分。因而,他们应该从专业技术和企业战略两个层面来考虑问题。

战略和商业技能有助于项目经理确定应为其项目考虑哪些商业因素。项目经理应确定这些商业和战略因素会对项目造成的影响,同时了解项目与组织之间的相互关系。这些因素包括(但不限于):

(1) 风险和问题;

(2) 财务影响;

(3) 成本效益分析(例如净现值、投资回报率),包括各种可选方案;

(4) 商业价值;

(5) 效益预期实现情况和战略;

(6) 范围、预算、进度和质量。

项目经理也需要有宏观的管理观念。例如,为组织发展进行经济上的考量,但组织目标通常不只是利润。客户满意度、未来发展、培育相关市场,以及对其他项目的最小干扰可能是同样重要的目标。一个优秀的项目经理会充分考虑这些问题。

4.2 项目经理常犯的错误

不管是项目经理还是团队成员都会犯错误,归纳起来主要包括两个方面:认知的错误和时间的浪费。

4.2.1 认知的错误

项目经理不可能永远都不犯错,下面列出了年轻的或缺乏经验的项目经理最常犯的错误。显然,他们会犯的错误远不止这些,其中有些错误是与个人和行业相关的。但是,列举出的这些错误内容能帮助我们理解:正是因为项目经理所做的事情才导致项目陷入困境。这些错误包括(但不限于)：

(1) 认为一名有效的领导者应该多多关注细节；

(2) 不乐意与真正的专家沟通；

(3) 忽视问题,认为问题总会解决的；

(4) 不能与职能经理有效沟通,并与其共享成功与失败；

(5) 不能全面理解项目相关方和发起人想要的需求；

(6) 碰到困难时拒绝寻求帮助；

(7) 把需要项目经理亲自解决的问题委派下属去解决；

(8) 以不能做到的承诺激励团队成员；

(9) 不能理解他的项目和公司其他项目之间的相关性；

(10) 拒绝向客户承认错误；

(11) 不能理解内部政策和外部政策给项目带来的影响；

(12) 不知道何时、采用何种方法去克服存在的障碍。

正确的做法是：

(1) 在有限的资源和在时间、成本及技术约束下,实现最终目标；

(2) 达到绩效考核约定的利润目标；

(3) 做出所有必要的决策,无论是临时性的替代决策还是最终方案；

(4) 作为客户(外部)、高层管理人员和部门经理(内部)的沟通中心；

(5) 在时间、成本和技术约束下,就必须完成的工作包的资源配置与职能部门"谈判"；

(6) 尽可能解决所有冲突。

4.2.2 时间的浪费

在项目管理环境中,存在大量的时间浪费,这往往导致项目经理无法集中精力做该做的事。它们包括：

(1) 零碎的工作；

(2) 海量的纸质文档；

(3) 缺少行政管理的支持；

(4) 忙于无关紧要的决策；

(5) 办事优柔寡断；

(6) 电话、电子邮件和信件的打扰；

(7) 缺乏技术知识；

(8) 与靠不住的员工扯皮；

(9) 缺乏决策授权；

(10) 会议太多；

(11) 工作描述不清或分工错误；

(12) 频繁更新的公司系统或制度；

(13) 在准备使用模板时缺乏信息；

(14) 部门间的信息壁垒；

(15) 文档太多(繁文缛节/无穷的报告)；

(16) 管理人员滥竽充数；

(17) 相互矛盾的指令；

(18) 官僚主义的障碍；

(19) 检查太频繁。

项目经理如能掌握如下这些技巧，就可更好地管理他们的时间：

(1) 学会委派；

(2) 按照计划做事；

(3) 拒绝做无用的事；

(4) 快速决策；

(5) 预测未来；

(6) 开会的人少而精；

(7) 立即行动；

(8) 控制打电话和回复电子邮件的时间；

(9) 先做最难的事；

(10) 克服拖延症；

(11) 管理例外。

4.3 项目经理的权力

人们对领导者的认知通常是因为权力，因此，项目经理应意识到自己与他人的关系是非常重要的。借助人际关系可以让项目相关事项得到落实。行使

权力的方式有很多,项目经理可根据情况灵活使用。行使权力的方式包括(但不限于):

(1) 法定权。因为项目职员认为项目经理被正式授予了发号施令的权力(有时称为正式的、权威的、合法的,例如组织或团队授予的正式职位)。

(2) 奖赏权。因为项目职员认为项目经理有能力直接或间接地分发宝贵的组织酬劳(也就是工资、晋升、奖金、未来的工作任务等)。

(3) 处罚权。因为项目职员认为项目经理有能力直接或间接地执行他们力图避免的处罚(例如给予纪律处分或施加负面后果的能力)。处罚权的来源通常与奖赏权相同,两者互为必要条件。

(4) 专家权。因为项目职员认为项目经理拥有专门的知识或技术(例如拥有的技能和信息、经验、培训、教育、证书),职能工作人员很看重这一点。

(5) 影响力。因为项目职员个人对项目经理(例如魅力、吸引力)或他的项目(例如项目规模、项目采用的新技术等)感兴趣。

(6) 特殊授权。例如在危机等特殊情况下获得的权力。

在权力方面,顶尖的项目经理积极主动且目的明确。这些项目经理会在组织政策、协议和程序许可的范围内主动寻求所需的权力和职权,而不是坐等组织授权。

项目经理的职权是一种合法的或正当的权力,他可以命令、干预或指挥他人行动。但和许多人的想象完全不同,大部分项目经理并无实权,权利权限都在公司高层和部门主管手中,项目经理实际上就是一个无实权的领导。项目经理的职责可能不断增加,但没多少职权。这种权力缺乏迫使项目经理为控制公司资源不得不与更高层的管理者和部门管理人员"谈判"。因而项目经理常常被看作正式组织的局外人。

尽管项目组织有专业分工并以任务为导向,但它也不能与传统组织结构分离存在。所以项目经理必须跨越两组织间的樊篱。项目经理的首要职责就是要管理好以下几种关系:

(1) 项目团队和高管之间的关系。

(2) 项目团队和职能部门之间的关系。

(3) 项目团队内部关系。

项目经理实际上是一位总经理式的人物,他要了解公司全部的运作。事实上,项目经理比大多数高管更了解公司整体的运作情况,这就是为什么项目经理职位总被当作培训基地,为企业储备具有高端能力的未来高管。

4.3.1 与公司高层的关系

有些人认为,项目经理是项目的最终决策者,可以对项目的方方面面做出任意决策。这显然不是事实。在如今的高科技环境下,项目经理不可能是所有领域的专家。他们的专业知识有可能无法涵盖到项目所在领域。因此,项目经理必须依赖公司高层和项目组成员共同决策项目问题。

高层管理者应在项目启动和规划时对项目近距离宏观协调,但在项目执行过程中应保持一定的距离,除非需要确定优先权和解决冲突。高层管理者在项目执行过程中对项目进行"干涉",其原因就是高管并没有从项目经理那里获得关于项目状况的准确信息。如果项目经理可以向高管们提供有意义的汇报,那么所谓的干涉也许就会减少甚至消失。

高层管理者应在项目规划和目标设定、冲突解决、优先权确定中发挥协调、调节的作用。

而作为项目经理,应与公司高管保持一定的沟通频率,以使项目的信息得到及时传达,从而寻求公司高管对项目的最大支持和帮助。

项目经理与高层管理者沟通时,应注意以下几点:
(1)保证获得来自其他诸如职能部门、其他经理的资源支持;
(2)仔细阐述事实,解释正、反两面的因素;
(3)表达既要有逻辑又要精练;
(4)让客户对你的能力和项目产生期望;
(5)向高层管理者汇报时要给他留下一个好印象。

4.3.2 与职能经理的关系

在项目管理中,成功就像三条腿的凳子。第一条腿是项目经理,第二条腿是职能经理,第三条腿是高层管理者。如果三条腿中的任何一条折了,凳子就会翻倒。

项目管理的关键点是项目经理和职能经理的协调,项目经理和职能经理必须彼此平等相待,并乐于分享职权、职责和权责关系。在管理良好的公司里,项目经理不必为资源而谈判,而只需简单地从职能经理那里得到承诺,在一定的时间、成本下完成所负责的工作。

一般情况下,项目经理并不直接控制任何资源,资源掌握在职能经理手中。

因此，项目经理常常就项目所需要的资源与部门主管进行协商。

基于以上分析可以表明，成功的项目管理极大地依赖于以下两点：

（1）项目经理和分配相关资源的职能经理日常关系良好；

（2）项目成员具备向职能经理汇报，同时向项目经理汇报的能力。

在第一点中，被分派到项目经理麾下的部门员工在专业技术上还是要听从部门主管的指导。在第二点中，向多个经理汇报的员工最重视的还是能管他们工资收入的领导。因此，大部分职员还是仰仗部门主管的鼻息来工作的。这两点非常关键。

很多管理者总是趋向于给项目经理头顶加个光环，在项目完成时嘉奖项目经理，但事实上，项目的成功有部门主管一大部分功劳，因为他们才是顶着压力为达成项目目标而运用手头资源的人。

通常，职能经理的职责包括以下几点：

（1）有责任规定任务如何完成及完成标准（如技术标准）；

（2）有责任在项目限定范围内提供充足的资源来完成目标（如由谁来完成工作）；

（3）对可交付成果负有责任。

换句话说，一旦项目经理明确了项目的各项要求（例如，什么工作必须做，约束是什么），那么就轮到职能经理负责确定技术标准，职能经理应该是所处部门公认的技术专家。如果职能经理认为项目经理确定的某部分要求在技术上不合理，那么他有权根据他的专业提出异议，并请求更权威的人士来支持他的观点。

4.3.3 与团队成员的关系

项目管理的成功，依赖于优秀的团队成员和杰出的项目经理。项目管理不是一个人的活动，它要求整个群体为实现一个具体的目标而共同努力。项目管理的组织通常由项目经理、项目经理助理、职能部门驻派人员、项目人员组成。

对人员配备最有影响的是项目经理。他的品性和能力可能吸引那些渴望参加项目的人，也有可能导致他们远离项目。项目经理应该树立诚实正直的作风，培植相互信赖的工作氛围。

在项目中，项目经理不能等着员工自己解决问题，由于每个项目的工期都不长，因而必须快速且有效地制定决策。项目经理们必须时刻警惕着"危险信号"，它们有可能最终引发极其严重的问题。他们必须证明自己既全能又坚韧不拔，以使下属为项目目标的实现而努力。因而高管们应该认识到项目经理在人员配备方面的目标是：

（1）努力获得最有效的可用资源；

（2）为所有工作人员提供一个良好的工作环境；

（3）如果可能的话，满足项目所有要求。

职能部门的领导应出席人员配备会议，源于以下因素：

（1）一般来说，部门经理专业能力更强，能甄别出项目的风险；

（2）部门经理必须对项目的成功抱有积极的态度；

（3）职能部门派驻项目的成员有时是兼职的，需要职能经理分配其对项目的投入精力。

职能部门派驻项目的员工应做到：

（1）尽可能早地完成工作；

（2）周期性地向项目经理和职能经理反馈项目进展状况；

（3）及时汇报问题，让问题显化并快速解决；

（4）与项目团队其他成员分享信息。

为了有效开展工作，项目经理必须营造有助于团队工作的氛围，包括：明确的项目目标、良好的人际关系和团队精神、有效的沟通、对项目的责任等。

另外，还有一个常被忽视的因素是项目经理应该有能力了解自己和下属的优势及不足。通过以下办法，项目经理可以让其下属发挥最佳效用：

（1）必须知道下属应该干什么；

（2）必须清楚地认识到自己的授权和局限；

（3）必须知道下属与他人的关系；

（4）必须知道是什么促成最后工作圆满完成的；

（5）必须知道下属的不足在什么地方以及何时会表现出来；

（6）必须明白怎样去做可以纠正不满意的地方；

（7）必须让下属感觉到领导对他们很重视；

（8）必须让下属感觉到领导对自己充分信任并且期望自己取得成功。

通常，如果团队成员缺乏责任心，一般是因为以下因素：团队成员可能有其他的专业兴趣，在项目中工作没有安全感，顺利完成任务时可能带来的奖赏不确定,以及团队内部激烈的人际关系冲突,都可能导致缺乏责任心。还可能是由存在于项目经理和职能经理之间,或来自两个敌对职能部门的团队成员之间的怀疑态度所导致的,这些都是项目经理应当予以关注的。

不管项目经理在项目运行过程中获得了多少职权和权力,完成任务的决定性因素通常还是他的领导风格。与团队成员之间培养信任感、友谊和尊重,有助于提升项目成功的可能性。当项目领导者在团队内部或其他经理人中信誉不高时,团队建设的努力就会受阻。在这种情况下,团队成员经常不愿为项目或项目领导者承担责任。

4.4 项目经理的选择

企业高层面临的最难决策可能就是怎样挑选项目经理。有些经理可能适合长期项目,可以相对较慢地做出项目决策,另一些经理则适合短期项目,他们可以管理处在持续高压环境下的项目。

项目经理的选择要预先考虑如下几个基本问题:

(1) 有哪些内、外部资源?

(2) 选择项目经理的标准是什么?

(3) 在项目管理中怎样提供晋升机会?

(4) 如何提高项目管理技能?

(5) 怎样评估项目管理绩效?

项目管理只有选对项目经理才能成功。如果下属清楚项目经理是从总经理那里得到正式授权的,项目经理更有可能获得成功。项目经理的主要职责包括:

(1) 在资源、成本、时间、技术等的约束下,实现项目目标;

(2) 实现项目的利润目标;

(3) 做出所有必要的决策;

(4) 是外部(政府、客户)、内部(公司高层、中层)的沟通中心;

(5) 尽可能解决所有冲突。

找一个真正合适的人并不简单,因为选择项目经理不能单靠履历上的工作描述,而是看个人的性格和能力等特质。一般来说,一个合格的项目经理应具备如下特质:

（1）应变能力和适应能力；

（2）出色的创新能力和领导才能；

（3）有进取心、自信、有说服力、口头表达能力强；

（4）有抱负、积极主动、有威信；

（5）具有同时作为一个沟通者和统筹者的影响力；

（6）广泛的兴趣爱好；

（7）沉着,具有同情心、想象力和自觉性；

（8）能够权衡时间、成本和人的因素等技术问题；

（9）高度的组织性和纪律性；

（10）通才而非专才；

（11）愿意在计划编制和控制上投入大量精力；

（12）能够及时发现问题；

（13）善于决策；

（14）能够劳逸结合,松紧有度。

最好的项目经理愿意而且能够发现自己的不足并知道什么时候去寻求别人的帮助。还有一个常被忽视的最重要特质是,项目经理应该有能力了解自己和下属的优势及不足。

总之,项目经理的领导能力仍然是项目成功的最重要因素,即项目经理在相对松散的环境中依然有能力领导团队。它包含能够在很少或几乎没有正式授权的情况下,与部门经理和下属人员有效沟通,并在动态环境下,收集和归纳相关信息以做出决策。与总经理一样,领导工作的质量更多地依赖于项目经理的个人经验和在组织内的信誉。

第 5 章

项目规划管理

项目规划管理是对项目管理的各项工作进行的综合性的、完整的、全面的总体计划。项目规划管理的主要内容包括项目管理目标的研究与目标的细化、项目的范围管理和项目的结构分解、项目管理实施策略的制定等内容。项目规划管理流程见图 5-1。

项目规划管理的成果包括项目章程(或称规划大纲)和项目管理计划两个部分。项目章程是项目管理工作中具有战略性、全局性和宏观性的指导文件,而项目管理计划是对项目章程内容的细化。

图 5-1 项目规划管理

项目规划管理的作用是:

(1) 项目规划管理是对项目构思、项目目标更为详细的论证。在项目的总目标确定后,通过项目规划管理可以分析研究总目标能否实现,总目标确定的费用、工期、功能要求是否能得到保证,是否平衡。通过制订规划的过程能对可行性研究工作全面衡量,并进一步完善目标体系。

(2) 项目规划管理既是对项目目标实现方法、措施和过程的安排,又是项目目标的分解过程。规划结果是许多更细、更具体的目标的组合,它们将被作为各级组织在各个节点的责任。规划常常又是中间决策的依据,因为对项目规划管理的批准是一项重要的决策工作。

(3) 项目规划管理须考虑更多的实施问题,如组织与合同模式、里程碑计划、主要技术方案的实施策略等,它是对项目实施的全面估计和预测。

(4) 项目规划管理是项目管理实际工作的指南和项目实施控制的依据,是对项目管理实施过程进行监督、跟踪和诊断的依据。它又是评价和检验项目管理实施成果的尺度,并作为对各层次项目管理人员业绩评价和奖励的依据。

(5) 项目规划管理说明实施过程中所需要的技能和资源,业主和项目的其他方面需要了解和利用项目管理规划的信息。

项目规划管理的目的是:

(1) 确保产品、服务或成果的交付日期;

(2) 编制项目管理计划以实现项目目标;

(3) 测量和监督项目进展,并采取适当措施以实现项目目标;

(4) 收集关于已达成结果的数据,分析数据以获取信息,并与相关方分享信息;

(5) 完成全部项目工作,正式关闭各个阶段、合同以及整个项目。

当前,建设项目的规模越来越大,技术要求更加复杂,相关方的期望更多样化,与之相关的项目管理出现了如下的发展趋势:

(1) 使用自动化工具。项目经理需要整合大量的数据和信息,因此有必要使用项目管理信息系统(PMIS)和自动化工具来收集、分析和使用信息,以实现项目目标和项目效益。

(2) 使用可视化管理工具。有些项目团队使用可视化管理工具,而不是通过书面文档来获取和监督关键的项目要素。这样,就便于整个团队直观地看到项目的实时状态,促进知识转移,并提高团队成员和其他相关方识别和解决问题的能力。

(3) 项目知识管理。项目人员的流动性和不稳定性越来越高,因此,需要采用更严格的过程,在整个项目生命周期中积累知识并传达给目标受众,以防止知识流失。

(4) 增加项目经理的职责。项目经理被要求介入启动和结束项目,例如开展项目商业论证和效益管理。按照以往的惯例,这些事务均由管理层负责。现在,项目经理需要频繁地与他们合作处理这些事务,以便更好地实现项目目标以及交付项目效益。项目经理也需要更全面地识别相关方,并引导他们参与项目,包括管理项目部与各职能部门、运营部门和高级管理人员之间的接口。

5.1 制定项目章程

制定项目章程是编写一份正式批准项目并授权项目经理在项目活动中使用组织资源的文件的过程(图 5-2)。本过程的主要作用是明确项目与组织战略目标之间的直接联系,确立项目的正式地位,并展示组织对项目的承诺。

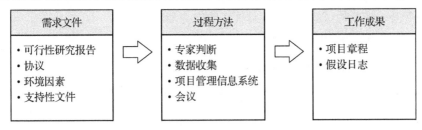

图 5-2 制定项目章程

项目章程一旦被批准,就标志着项目的正式启动。在项目中,应尽早确认并任命项目经理,最好在制定项目章程之前任命。项目章程可由发起人编制,或者由项目经理与发起机构合作编制。通过这种合作,项目经理可以更好地了解项目目的、目标和预期效益,以便更有效地向项目活动分配资源。

5.1.1 制定项目章程:需求文件

5.1.1.1 可行性研究报告

一般情况下,可行性研究报告(以下简称可研报告)会包含商业论证、技术论证和成本效益分析,以论证项目的合理性并确定项目边界。关于可研报告的编制可由以下一个或多个因素引发:

(1) 市场需求;
(2) 组织需要;
(3) 客户要求;
(4) 技术进步;
(5) 政府需要。

经批准的可研报告或类似文件是最常用于制定项目章程的文件。可研报告中的商业论证从商业视角描述必要的信息,并且据此决定项目是否值得投资。

通常,项目的首要工作是商业论证。商业论证是一份完善的书面文件,明确地说明商业需求。每份商业论证都要详细介绍项目的边界,决策者可以根据它预测项目的商业价值、收益以及完成项目所需的成本。通常,商业论证包括以下信息:

(1) 商业需求。介绍目前存在的问题及投资的必要性。

(2) 机会选项。介绍项目与企业战略目标的一致性。

(3) 收益实现计划。介绍可能获得的价值或收益(不是产品或可交付成果),不包括成本的节约、额外收益及其他机会等。

(4) 假设。介绍需要验证的所有项目假设。

(5) 高级目标。介绍项目的高级目标或战略目标。

(6) 评估建议。介绍用于项目评估的技术,比如利润率、现金流、战略选择、机会成本、投资回报、净现值及风险等。

(7) 项目指标。介绍用于跟踪项目绩效的财务指标和非财务指标。

(8) 项目风险。简要介绍项目的商业定位、合法性、技术性及其他风险,帮助决策者评估项目。

(9) 需要的资源。介绍需要的人力资源和其他资源。

(10) 时间。介绍项目的主要里程碑。

(11) 法律要求。介绍必须遵循的法律条款。

上述信息不仅能用于项目的获批,还能用于项目优先级的评定。商业论证的大部分条款可以参考相应的模板。

项目章程包含来源于可研报告中的相关项目信息。既然可研报告不是项目文件,项目经理就不可以对它们进行更新或修改,只可以提出相关建议。

5.1.1.2 协议

协议用于定义启动项目的初衷。协议有多种形式,包括合同、框架协议、服务协议、合作意向书、口头协议、电子邮件或其他书面协议。为外部客户做项目时,通常就以合同的形式出现。

5.1.1.3 环境因素

能够影响制定项目章程过程的环境因素包括(但不限于):

(1) 政府或行业标准(如产品标准、质量标准、安全标准和工艺标准);

(2) 法律法规要求和(或)制约因素;

(3) 市场条件；

(4) 企业文化和政治氛围；

(5) 组织治理框架（通过安排人员、制定政策和确定过程，实施指导、控制和协调，以实现组织的战略和运营目标）；

(6) 相关方的期望和风险临界值。

5.1.1.4 支持性文件

能够影响制定项目章程过程的支持性文件包括（但不限于）：

(1) 组织的管理制度、流程和程序；

(2) 监督和报告方法；

(3) 模板（如项目章程模板）；

(4) 历史信息与经验教训知识库（如项目记录、项目文件、项目后评估报告及以往项目绩效的信息）。

5.1.2 制定项目章程：过程方法

5.1.2.1 专家判断

专家判断是指基于某应用领域、知识领域、学科和行业等的专业知识而做出的，关于当前活动的合理判断，这些专业知识可来自具有专业学历、知识、技能或经验的任何小组或个人，包括（但不限于）：

(1) 组织内部的其他单位或个人；

(2) 咨询公司；

(3) 重要的项目干系人；

(4) 专业和技术协会。

5.1.2.2 数据收集

数据收集是指根据项目的需求和用户的需要收集相关的数据。可用于本过程的数据收集方法包括（但不限于）：

(1) 头脑风暴。本方法用于在短时间内获得大量创意。制定项目章程时可通过头脑风暴法向相关方、专家和团队成员收集数据、解决方案或创意。由于讨论使用了没有拘束的规则，人们就能够更自由地思考，进入思想的新区域，从而产生很多新观点和解决问题的方法。

(2) 焦点小组。也称小组访谈，是社会科学研究中常用的研究方法。焦点小组召集相关方和主题专家讨论项目风险、成功标准和其他议题，比一对一访谈更有利于互动交流。

（3）访谈。访谈是指通过与相关方直接交谈来了解高层级需求、假设条件、制约因素、审批标准以及其他信息。访谈过程是一个耗费时间的过程，访谈之前要做好充分的准备，包括项目材料准备、访谈问题准备等。

5.1.2.3 项目管理信息系统

项目管理信息系统（Project Management Information System，PMIS）是在组织内部使用的一套系统集成的标准自动化工具。组织的规模越大、越成熟，该工具在组织内部的计算机信息系统中实现自动化的可能性就越高。项目管理团队利用项目管理信息系统制定项目章程，在细化项目章程时促进反馈，控制项目章程的变更和发布批准的项目章程。

PMIS 能帮助团队成员和职能经理较容易地获取所需要的信息，如果设计得当，PMIS 将产生显著的效益，例如：

（1）及时满足不同相关方的信息需求；

（2）为明智的决策提供准确的信息；

（3）降低收集正确信息的成本；

（4）为公司创造价值。

很明显，即使最先进的软件包也不能完全替代有能力的项目领导，软件本身不能识别和纠正任何与任务有关的问题，但它能极大地帮助项目经理跟踪许多相互关联的变量和任务，进而在项目管理中发挥越来越大的作用。

5.1.2.4 会议

会议是指有组织、有目的的议事活动，它是在限定的时间和地点，按照一定的程序进行的。在本过程中，与主要相关方举行会议的目的是识别项目目标、成功标准、主要可交付成果、高层级需求、总体里程碑和其他信息。

会议过程包括：准备议程、确保邀请每个关键相关方的代表，以及准备和发送后续的会议纪要和工作计划。

5.1.3 制定项目章程：工作成果

5.1.3.1 项目章程

项目章程是由项目启动者或发起人发布的，正式批准项目成立，并授权项目经理使用组织资源开展项目活动的文件。项目章程一般包括关于项目的下列信息：

(1) 项目概况；
(2) 项目目的；
(3) 可测量的项目目标和相关的成功标准；
(4) 项目范围以及主要可交付成果；
(5) 项目技术经济指标；
(6) 整体项目风险；
(7) 项目里程碑；
(8) 预先批准的财务资源；
(9) 项目组织方案；
(10) 关键相关方名单；
(11) 项目审批要求（例如用什么标准评价项目成功，由谁对项目成功下结论，由谁来签署项目结束）；
(12) 项目退出标准（例如在何种条件下才能关闭或取消项目或阶段）；
(13) 委派的项目经理及其职责和职权；
(14) 发起人或其他批准项目章程的人员的姓名和职权。

项目章程应确保相关方在总体上就主要可交付成果、里程碑以及每个项目参与者的角色和职责达成共识。

5.1.3.2 假设日志

假设日志用于记录整个项目生命周期中的所有假设条件和制约因素。通常，在项目启动之前编制项目可行性研究报告时，识别项目建设和运营的假设条件与制约因素，这些假设条件与制约因素应纳入项目章程。

假设条件是指当前不能确定的、未经验证但仍被视为正确、真实或确定的因素，例如住宅项目在建设阶段会假设有雨季施工；销售阶段会假设面向刚需型或改善型客户。假设条件存在不确定性，影响项目规划的所有方面；项目实施过程中假设条件一旦成立或不成立就可能造成相应后果,因此假设条件往往意味着风险。在项目实施过程中,项目团队应该经常识别、记录并验证假设条件。

制约因素是受制于既定的政策、环境和其他干扰行为。可以是来自项目内部或外部的,会影响项目或过程绩效的限制因素,例如范围的约束、成本的约束、时间的约束等。制约因素是已经客观存在的,往往对项目范围、成本、进度、资源等方面起限制与约束作用。

制约因素和假设条件都会限制项目的实现度。二者的最大区别在于:制约因素是确定的、客观存在的;假设条件是当前不能确定的。

项目启动时,需要证实所有的假设。随着项目的进展,也需要随时跟踪和证实这些假设。如果假设发生变化或者不再适用,那么项目可能需要重新定位甚至取消。遗憾的是,许多项目经理没有跟踪确认假设的有效性,虽然项目在预算范围内按时且合乎质量地完成,但是项目并没有为客户或者公司带来额外的价值。

5.2 制订项目管理计划

项目管理计划是项目的主计划或称为总体计划,它确定了执行、监控和结束项目的方式和方法,包括项目需要执行的过程、项目生命周期、阶段划分和里程碑等全局性内容。本过程的主要作用是生成一份综合文件,用于确定所有项目工作的基础及其执行方式(图 5-3)。

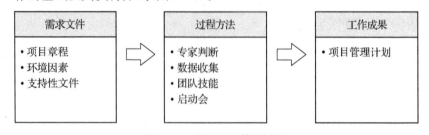

图 5-3 制订项目管理计划

项目管理计划明确项目的执行、监控和收尾方式,其内容会因项目所在的地域和复杂程度而有所不同。项目管理计划可以是概括或详细的,而每个组成部分的详细程度取决于具体项目的要求。项目管理计划应尽量做到全面和实事求是，以应对不断变化的项目环境。

项目管理计划应设立完成标准，即至少应规定项目的范围、时间和成本方面的标准，以便据此考核项目执行情况和管理项目绩效。在确定标准之前，可能要对管理计划进行多次更新。

5.2.1 制订项目管理计划：需求文件

5.2.1.1 项目章程

项目章程是编制项目管理计划的起始点和依据。项目章程中所包含的信息因项目的复杂程度和已知的信息而有所不同。在项目章程中应定义项目的范围、进度目标、投资目标、质量目标、交付标准等信息，供将来在项目管理计划的各个组成部分中进一步细化。

5.2.1.2 环境因素

能够影响制订项目管理计划过程的环境因素包括（但不限于）：

(1) 政府或行业标准（如产品标准、质量标准、安全标准和工艺标准）；
(2) 法律法规要求和制约因素；
(3) 垂直市场（如建筑）和专门领域（如环境、安全、风险等）的项目管理知识体系；
(4) 组织的结构、文化和管理实践；
(5) 组织治理框架（通过安排人员、制定政策和确定过程，实施指导、控制和协调，以实现组织的战略和经营目标）；
(6) 基础设施（如现有的设施和固定资产）。

5.2.1.3 支持性文件

能够影响制订项目管理计划过程的支持性文件包括（但不限于）：

(1) 组织的管理制度、流程和程序。
(2) 项目管理计划模板，包括：
① 组织的标准化手册、工作指引和工作标准；
② 项目收尾指南或要求，如产品交付和验收标准。
(3) 根据项目的特定要求而制定的决策机制。
(4) 监督和报告方法、风险控制程序，以及沟通要求。

（5）以往类似项目的相关信息（如范围、成本、进度与绩效考核标准、项目日历、项目进度网络图和风险登记册）。

（6）历史信息和经验教训知识库。

5.2.2　制订项目管理计划：过程方法

5.2.2.1　专家判断

应该就以下主题，考虑具备相关专业知识的个人或小组的意见：

（1）根据项目需要确定项目管理过程，包括这些过程间的依赖关系和相互影响，以及这些过程的主要输入和输出；

（2）确定这些过程所需的方法或工具；

（3）应包括在项目管理计划中的技术与管理细节；

（4）确定项目所需的资源与技能水平；

（5）确定项目工作的优先级，确保把项目资源在合适的时间分配到合适的工作。

5.2.2.2　数据收集

可用于本过程的数据收集方法包括（但不限于）：

（1）头脑风暴。在制订项目管理计划时，经常以头脑风暴的形式来收集关于项目方法的创意和解决方案。参会者包括项目团队成员，其他业内专家或相关方也可以参与。

（2）焦点小组。焦点小组召集相关方讨论项目管理方法以及项目管理计划各个组成部分的整合方式。

（3）访谈。访谈用于从相关方获取特定信息，用以制订项目管理计划、子计划或项目文件。

5.2.2.3　团队技能

制订项目管理计划时需要的团队技能包括：

（1）冲突管理。必要时可以通过冲突管理让具有差异性的相关方就项目管理计划的所有方面达成共识。

（2）引导。引导者确保参与者有效参与，互相理解，考虑所有意见，按既定决策流程全力支持得到的结论或结果。

(3) 会议管理。有必要采用会议管理来确保有效召开多次会议,以便制订、统一和商定项目管理计划。

5.2.2.4 启动会

项目启动会通常意味着规划阶段的结束和执行阶段的开始,旨在传达项目目标、获得团队对项目的承诺,以及阐明每个相关方的角色和职责。启动会可能在不同时间点举行,具体取决于项目的特征:

(1) 对于小型项目,通常由同一个团队开展项目规划和执行。这种情况下,项目在启动会之后很快就会开工,因为执行团队参与了规划。

(2) 对于大型项目,通常由项目管理团队与组织的职能部门共同开展规划工作。在初始规划工作完成、开发(执行)阶段开始时,职能部门派驻人员才参与进来,这种情况下,将随项目进展适时召开启动会。

对于多阶段项目(分期开发的项目),通常在每个阶段开始时都要举行一次启动会。

启动会参加人员主要包括:公司高层、项目经理、职能经理、主要团队人员。会议上要明确的主要内容包括:

(1) 项目的范围;

(2) 项目的目标,包括技术目标和商业目标;

(3) 项目里程碑;

(4) 项目的成功标准;

(5) 在项目章程中确认的项目假设和约束条件;

(6) 项目的组织架构图;

(7) 项目参与者的角色和职责。

5.2.3 制订项目管理计划:工作成果

5.2.3.1 项目管理计划

项目管理计划是说明项目执行、监控和收尾方式的一份文件,它整合并综合了所有子管理计划和基准,以及管理项目所需的其他信息。

项目管理计划是其他各子计划制订的依据和基础,它从整体上指导项目工作的有序进行。究竟需要哪些项目管理计划组件,取决于具体项目的需求。

项目管理计划组件包括(但不限于):

(1) 子管理计划:

① 范围管理计划。确定、核实、管理和控制项目范围的指南。

② 需求管理计划。确定如何分析、记录和管理需求。

③ 进度管理计划。为编制、监督和控制项目进度建立准则和明确活动。

④ 成本管理计划。确定如何规划、安排和控制成本。

⑤ 质量管理计划。确定在项目中如何实施组织的质量政策、方法和标准。

⑥ 资源管理计划。指导如何对项目资源进行分类、分配、管理和释放。

⑦ 沟通管理计划。确定沟通需要和对项目的期望;如何以及以何种方式交换信息;每项沟通何时在何处进行;由何人负责提供各种形式的沟通。

⑧ 风险管理计划。识别项目可能面临的风险并给出相应处理措施(包括转移、规避或降低)的过程。

⑨ 采购管理计划。确定项目团队将如何从组织外部获取货物和服务。

⑩ 相关方参与计划。确定如何根据相关方的需求、利益和影响让他们参与项目决策和执行的策略和行动。

⑪ 职业健康、安全与环境管理计划。确定在项目中如何实施组织的有关政策、程序和标准。

(2) 基准:

① 范围基准。经过批准的范围说明书、工作分解结构(WBS)和相应的WBS词典,是项目管理过程中范围比较的依据。

② 进度基准。经过批准的里程碑进度计划,是用作与实际结果进行比较的依据。

③ 成本基准。经过批准的、按时间段分配的项目预算,是用作与实际结果进行比较的依据。

通常将范围、进度和成本基准合并为一个绩效测量基准,作为项目的整体基准,以便据此测量项目的整体绩效。

要衡量项目绩效,就要有一个参照点或基准,原因在于:

(1) 没有基准,就无法衡量绩效;

(2) 如果不能衡量绩效,就无法管理绩效;

(3) 只有衡量过的绩效才能监督和控制;

(4) 只有受监督和控制的绩效才能得以完成。

项目管理计划是用于管理项目的主要文件之一。管理项目时还会使用其他项目文件。这些其他文件不属于项目管理计划,但它们也是实现高效管理所必需的文件。表5-1列出了主要的项目管理计划组件和项目文件。

表5-1 项目管理计划和项目文件

项目管理计划		项目文件		
1. 范围管理计划	11. 变更管理计划	1. 活动属性	11. 里程碑清单	21. 质量报告
2. 需求管理计划	12. 职业健康、安全与环境管理计划	2. 活动清单	12. 物质资源分配单	22. 需求文件
3. 进度管理计划	13. 范围基准	3. 假设日志	13. 项目日历	23. 资源需求
4. 成本管理计划	14. 进度基准	4. 估算依据	14. 项目沟通记录	24. 风险登记册
5. 质量管理计划	15. 成本基准	5. 变更日志	15. 项目进度计划	25. 风险报告
6. 资源管理计划	16. 绩效测量基准	6. 成本估算	16. 项目进度网络图	26. 进度数据
7. 沟通管理计划	17. 项目生命周期描述	7. 成本预测	17. 项目范围说明书	27. 进度预测
8. 风险管理计划	18. 开发方法	8. 持续时间估算	18. 项目团队派工单	28. 相关方登记册
9. 采购管理计划		9. 问题日志	19. 质量控制测量结果	29. 团队章程
10. 相关方参与计划		10. 经验教训登记册	20. 质量测量指标	

5.3 监控项目工作

监控项目工作是跟踪、审查和报告整体项目进展,以实现项目管理计划中确定的绩效目标的过程(图5-4)。本过程的主要作用是让相关方了解项目的当前状态并认可为处理绩效问题而采取的行动,以及通过成本和进度预测,让相关方了解未来项目状态。本过程需要在整个项目期间开展。

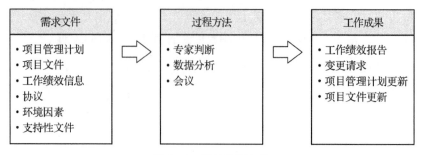

图 5-4　监控项目工作

监督是贯穿于整个项目的项目管理活动之一,包括收集、测量和分析测量结果,以及预测趋势,以便推动过程改进。持续的监督使项目管理团队能洞察项目的状况,并识别须特别关注的问题。控制包括制定纠正或预防措施或重新规划,并跟踪行动计划的实施过程,以确保它们能有效解决问题。

监控项目工作的内容包括(但不限于):

(1) 把项目的实际绩效与项目管理计划进行比较;

(2) 定期评估项目绩效,决定是否需要采取纠正或预防措施,并推荐必要的措施;

(3) 检查项目风险的状态;

(4) 在整个项目期间,及时更新信息库,为状态报告、预测提供信息;

(5) 做出预测,更新当前的成本与进度信息;

(6) 监督已批准变更的实施情况;

(7) 确保项目与商业需求保持一致。

5.3.1　监控项目工作:需求文件

5.3.1.1　项目管理计划

监控项目工作包括查看项目的各个方面。项目管理计划的任一组成部分都可作为本过程的工作依据。

5.3.1.2　项目文件

可用于本过程需求的项目文件包括(但不限于):

(1) 假设日志。假设日志包含会影响项目的假设条件和制约因素的信息。

(2) 估算依据。估算依据说明不同估算是如何得出的,用于决定如何应对偏差。

（3）成本预测。成本预测基于项目以往的数据，用于确定项目是否仍处于预算的可控范围内，并识别任何必要的变更。

（4）问题日志。在整个项目生命周期中，项目经理通常会遇到问题、偏差、不一致或意外冲突。项目经理需要采取某些行动加以处理，以免影响项目绩效。问题日志是一种记录和跟进所有问题的项目文件，所需记录和跟进的内容可能包括：

① 问题类型；

② 问题提出者和提出时间；

③ 问题描述；

④ 由谁负责解决问题；

⑤ 目标解决日期；

⑥ 最终解决情况。

问题日志可以帮助项目经理有效跟进和管理问题，确保它们得到调查和解决。在整个项目生命周期，问题日志应该随同监控活动动态更新。

（5）经验教训登记册。经验教训登记册可以记录遇到的挑战、问题、意识到的风险和机会，或其他适用的内容，还可能包含应对偏差的有效方式以及纠正措施和预防措施。参与工作的个人和团队也参与记录经验教训，可以通过视频、图片、音频或其他合适的方式记录信息，确保有效吸取经验教训。在项目或阶段结束时，把相关信息归入经验教训知识库，成为组织项目管理知识库的一部分。

我们可以从每一个项目中得到经验教训，即使失败的项目也有其价值。大多数公司不愿意记录教训，因为文献资料上记录的经验教训是自己曾经犯过的错误，所以员工们不愿意在文献资料上签名。这也就是为什么其他员工一直重复前人所犯错误的原因。

（6）里程碑清单。里程碑清单列出特定里程碑的实现日期，用于检查是否达到计划的里程碑。

（7）质量报告。质量报告包含质量管理问题，针对过程、项目和产品的改善建议，纠正措施建议[包括返工、缺陷（漏洞）补救、100%检查等]，以及在控制质量过程中发现的情况的概述。

（8）风险登记册。风险登记册提供在项目执行过程中发生的各种威胁和机会的相关信息。

(9) 风险报告。风险报告提供关于整体项目风险和单个风险的信息。

(10) 进度预测。进度预测基于项目以往的绩效,用于确定项目是否仍处于进度的公差区间内,并识别任何必要的变更。

5.3.1.3 工作绩效信息

工作绩效数据是在执行项目工作的过程中,从每个正在执行的活动中收集到的原始观察结果和测量值。数据通常是最低层次的细节,将交由其他过程从中提炼出信息。将工作绩效数据与项目管理计划组件、项目文件和其他项目变量比较之后生成工作绩效信息。通过这种比较可以了解项目的执行情况。

工作绩效数据包括:已完成的工作、关键绩效指标(KPI)、技术绩效测量结果、进度活动的实际开始日期和完成日期、可交付成果状态、进度进展情况、变更请求的数量、缺陷的数量、实际发生的成本、实际持续时间等。

在项目开始时,就在项目管理计划中规定关于范围、进度、预算和质量的具体工作绩效测量指标。项目期间通过控制过程收集绩效数据,与计划和其他变量比较,为工作绩效提供背景。

例如,关于成本的工作绩效数据可能包含已支出的资金,但必须与预算、已完成的工作以及资金使用计划比较之后才能有用。通过与项目管理计划中的偏差临界值进行比较,就可以确定是否需要采取预防或纠正措施。对工作绩效数据的综合分析,可以为项目决策提供可靠的基础。

5.3.1.4 协议

采购协议中包括了对买方就卖方应实施的工作或应交付的产品所做的规定。项目经理需要根据协议的约定监督承包商的工作,确保所有交付产品或服务都符合协议要求。

5.3.1.5 环境因素

能够影响监控项目工作过程的环境因素包括(但不限于):

(1) 组织文化、相关方文化和客户文化。相互信任的工作关系和互不指责的文化对监控项目工作尤其重要。

(2) 项目管理信息系统,例如进度、成本、绩效指标、数据库、项目记录和财务数据。

(3) 基础设施(如现有设施、设备、组织通信渠道)。

(4) 相关方的期望和风险临界值。

(5) 政府或行业标准(如监管机构的政策要求、产品标准、质量标准和工艺标准)。

(6) 法律法规要求和(或)制约因素。包括对项目信息的保密性要求。

5.3.1.6 支持性文件

能够影响监控项目工作过程的支持性文件包括(但不限于)：

(1) 组织的管理制度、流程和程序；

(2) 监督和报告方法；

(3) 问题(缺陷)管理程序，包括问题识别和解决、事项跟踪；

(4) 历史信息和经验教训知识库。

5.3.2 监控项目工作:过程方法

5.3.2.1 专家判断

应该就以下事项,考虑具备相关专业知识的个人或小组的意见：

(1) 挣值分析；

(2) 持续时间和成本的估算技术；

(3) 法规与采购；

(4) 趋势分析；

(5) 关于项目所在的行业以及项目关注的领域的技术知识；

(6) 风险管理；

(7) 合同管理；

(8) 法律法规。

5.3.2.2 数据分析

可用于本过程的数据分析方法包括(但不限于)：

(1) 备选方案分析。备选方案分析用于在出现偏差时选择要执行的纠正措施。

(2) 成本效益分析。成本效益分析有助于在项目出现偏差时确定最节约成本的纠正措施。

(3) 挣值分析。挣值分析对范围、进度和成本绩效进行了综合分析。

(4) 根本原因分析。根本原因分析关注识别问题的主要原因,它可用于识别出现偏差的原因以及项目经理为达成项目目标应重点关注的领域。

（5）趋势分析。趋势分析根据以往结果预测未来绩效，它可以预测项目的进度延误，提前让项目经理意识到，按照既定趋势发展，后期进度可能出现的问题。应该尽早进行趋势分析，使项目团队有时间分析和纠正任何偏差。可以根据趋势分析的结果，提出必要的预防措施建议。

（6）偏差分析。偏差分析审查目标绩效与实际绩效之间的差异（或偏差），可涉及持续时间估算、成本估算、资源使用、技术绩效和其他测量指标。

可以在每个知识领域，针对特定变量，开展偏差分析。在监控项目工作过程中，通过偏差分析对成本、时间、技术和资源偏差进行综合分析，以了解项目的总体偏差情况。这样就便于采取合适的预防或纠正措施。

5.3.2.3 会议

会议可以是面对面或虚拟会议，正式或非正式会议。参会者可包括项目经理、项目团队成员，以及与所讨论事项相关或会受该事项影响的相关方。应该明确每个参会者的角色，确保有效参会。会议类型包括（但不限于）：开工会议、技术会议、每日例会、指导小组会议、问题解决会议、进展跟进会议以及回顾会议。

5.3.3 监控项目工作：工作成果

5.3.3.1 工作绩效报告

工作绩效信息可以用图表或文本形式加以记录、分类和分发。基于工作绩效信息，以文本或表格形式编制工作绩效报告，以制定决策、采取行动，或根据沟通管理计划向项目相关方发送。

工作绩效报告的示例包括状态报告和进展报告。工作绩效报告可以包含挣值图表和信息、预测、合同绩效信息、风险情况概述或其他内容。

5.3.3.2 变更请求

通过比较实际情况与计划要求，可能需要提出变更请求，来提高或降低（调整）质量要求、进度基准、成本基准。变更可能包括（但不限于）：

（1）纠正措施。为使项目工作绩效重新与项目管理计划一致而进行的有目的的活动。

（2）预防措施。为确保项目工作的未来绩效符合项目管理计划而进行的有目的的活动。

(3) 缺陷补救。为了修正不达标产品或产品组件而进行的有目的的活动。

5.3.3.3 项目管理计划更新

项目管理计划的任一组成部分都可在本过程中通过变更请求加以更新。

5.3.3.4 项目文件更新

可在本过程更新的项目文件包括(但不限于)：

(1) 成本预测。本过程引起的成本预测的变更应通过成本管理过程进行记录。

(2) 问题日志。在本过程中产生的新问题应该记录到问题日志中。

(3) 假设日志。可以增加新的假设条件和制约因素，也可以更新或关闭已有的假设条件和制约因素。

(4) 经验教训登记册。更新经验教训登记册，记录应对偏差的有效方式以及纠正措施和预防措施。

(5) 风险登记册。在本过程中识别的新风险应记录在风险登记册中，并通过风险管理过程进行管理。

(6) 进度预测。本过程引起的进度预测的变更应通过进度管理过程进行记录。

5.4 结束项目或阶段

结束项目或阶段是终结项目、阶段或合同的活动过程(图 5-5)。本过程的主要作用是存档项目或阶段信息，完成计划的工作，释放组织团队资源以开展新的工作。

在项目结束时，项目经理需要回顾项目管理计划，确保所有项目工作都已完成以及项目目标均已实现。项目收尾有两种形式：合同收尾和管理收尾。合同收尾在管理收尾之前。

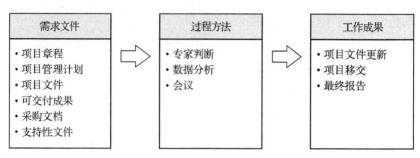

图 5-5　结束项目或阶段

合同收尾是对项目成果的检验和签收，标志着该阶段所有的可交付成果均已实现，而且所有的活动都已完成。合同收尾是项目经理和合同管理人员的共同责任。

管理收尾是向客户和承包商更新所有相关记录。客户对关于建设或安装过程中所做的改变，或是成果与说明书之间差异的书面资料特别关心，同时还会索要在项目生命周期中实行的所有范围变更的档案资料。

合同收尾所需的必要活动包括（但不限于）：

（1）确认卖方的工作已通过正式验收并符合协议要求的交付标准；

（2）有关的争议或索赔已得到最终解决；

（3）存档相关文档、信息以供未来使用。

管理收尾所需的必要活动包括（但不限于）：

（1）为达到阶段或项目的完工所必需的活动，例如：

① 确保所有文件和可交付成果都已是最新版本，且所有问题都已得到解决；

② 确认可交付成果已验收合格，并已交付给客户并获得客户的正式验收；

③ 确保所有成本都已记入项目结算；

④ 重新分配项目人员；

⑤ 重新分配项目设施、设备和其他资源；

⑥ 根据组织政策编制详尽的最终项目报告（或后评估报告）。

（2）为完成下列工作必须开展的活动：

① 收集项目或阶段记录；

② 项目审计；

③ 总结经验教训；

④ 存档项目文档、信息以供组织未来使用。

(3) 为向下一个阶段,或者向生产和(或)运营部门移交项目的产品、服务或成果所必须开展的行动和活动。

(4) 收集关于改进或更新组织政策和程序的建议,并将它们发送给相应的组织部门。

(5) 评测相关方对项目的满意度。

为了实现上述目的,项目经理应该引导或组织所有合适的相关方参与本过程。

5.4.1 结束项目或阶段:需求文件

5.4.1.1 项目章程

项目章程记录了项目范围描述、成功标准、审批要求,以及项目结束的标准。

5.4.1.2 项目管理计划

项目管理计划的所有组成部分均为本过程的需求文件。

5.4.1.3 项目文件

可用于本过程需求的项目文件包括(但不限于):

(1) 假设日志。假设日志记录了与技术规范、估算、进度和风险等有关的全部假设条件和制约因素。

(2) 估算依据。估算依据指出了持续时间、成本和资源估算是如何得出的。

(3) 变更日志。变更日志包含了整个项目或阶段期间的所有变更请求的状态。变更请求可能包含纠正措施、预防措施、缺陷补救,以及对可交付成果的更新。

(4) 问题日志。问题日志用于确认没有解决的问题。

(5) 经验教训登记册。结束项目或阶段前,需完成对阶段或项目经验教训的总结。

(6) 里程碑清单。里程碑清单列出了完成项目里程碑的最终日期。

(7) 项目沟通记录。项目沟通记录包含整个项目期间所有的沟通。

(8) 质量报告。质量报告的内容可包括:质量验收合格证书、改进建议,以及在控制质量过程中发现的情况的概述。

(9) 需求文件。需求文件用于证明符合项目范围。

(10) 风险登记册。风险登记册提供了有关项目期间发生的风险的信息。

(11) 风险报告。风险报告提供了有关风险状态的信息,用于确认项目结束时没有遗留的未关闭的风险。

5.4.1.4 可交付成果

可交付成果是项目管理中的阶段或最终交付物,是为完成某一过程、阶段或项目而必须交付的可验证的产品、成果或提供的服务,所有可交付成果的完成标志着项目的完成。对于分阶段实施的项目或提前取消的项目,还可能包括部分完成或在过程中可交付成果。

具体成果应包括中间结果(项目计划、工作分解结构、进度计划、状态报告等)和项目成果(产品、服务、用户手册等),其在完成后必须提交出来以满足合同的要求。

每一个项目的可交付成果都是不一样的,最终的可交付成果一般在达成项目合作前项目各方都会达成协议,定义最终的可交付成果。因此,可交付成果的形式也是多种多样的,有些是有形的,可直接验证的;而有些却是无形的、抽象的服务。

5.4.1.5 采购文档

为关闭合同,需收集全部采购文档,并建立索引和加以归档。有关合同进度、范围、质量和价款的信息,以及全部合同变更文档、支付记录和过程检查结果,都要归类收录。在项目结束时,应将"实际执行的"计划(图纸)或"初始编制的"文档、手册和其他技术文档视为采购文件的组成部分。这些信息可用于总结经验教训,并作为评价承包商的依据,对签署以后的合同具有参考价值。

5.4.1.6 支持性文件

能够影响结束项目或阶段过程的支持性文件包括(但不限于):

(1) 项目或阶段收尾指南或要求(如经验教训、项目终期审计、项目评价、产品确认、验收标准、合同收尾、资源重新分配、团队绩效评估,以及知识传递);

(2) 管理知识库,包括组织标准、政策、程序和项目文件的各种版本及基准。

5.4.2 结束项目或阶段:过程方法

5.4.2.1 专家判断

应该就以下主题,考虑具备相关专业知识的个人或小组的意见:

(1) 组织的管理要求；

(2) 审计；

(3) 法规与采购；

(4) 法律法规。

5.4.2.2 数据分析

可用于项目收尾的数据分析方法包括(但不限于)：

(1) 文件分析。评估现有文件有助于总结经验教训和分享知识，以改进未来项目的组织和管控。

(2) 趋势分析。趋势分析可用于确认组织所用模式的有效性，并且为了未来项目而进行相应的模式调整。

(3) 偏差分析。偏差分析可通过比较计划目标与最终结果来改进组织的测量指标。

5.4.2.3 会议

会议用于确认可交付成果已通过验收，确定已达到退出标准，正式关闭合同，评估相关方满意度，收集经验教训，传递项目知识和信息，以及庆祝成功。参会者可包括项目团队成员，以及参与项目或受项目影响的其他相关方。

会议的类型包括(但不限于)：收尾报告会、项目总结会、经验教训总结会，以及庆祝会。

5.4.3 结束项目或阶段：工作成果

5.4.3.1 项目文件更新

可在本过程更新所有项目文件，并标记为最终版本。特别值得注意的是，最终版本的经验教训登记册需包含关于以下事项的信息：效益管理、商业论证(产品定位)的准确性、项目和开发生命周期、风险和问题管理、相关方参与，以及其他项目管理过程。

5.4.3.2 项目移交

项目交付的产品、服务或成果可转交给另一团队或组织，并由其在整个生命周期中进行运营、维护。

5.4.3.3 最终报告

用最终报告总结项目绩效，其中可包含诸如以下信息：

(1) 项目或阶段的概述。

(2) 范围目标、实际范围以及证明达到完工标准的证据。

(3) 质量目标和质量的评估标准、实际里程碑交付日期以及偏差原因。

(4) 成本目标、实际成本以及产生偏差的原因。

(5) 进度计划目标,如果在项目结束时未能实现目标,则指出产生偏差的原因。

(6) 关于项目过程中发生的风险或问题及其解决情况的概述。

(7) 最终产品、服务或成果是否满足业务需求的概述。如果在项目结束时未能满足业务需求,则指出需求满足程度并预计何时能够得到满足。

第 6 章

项目范围管理

项目范围管理是指对项目包括什么与不包括什么的定义与控制过程,其具体内容如图6-1所示。这个过程用于确保项目组和项目干系人对作为项目结果的项目产品以及生产这些产品所用到的过程有一个共同的理解。

管理项目范围主要在于定义和控制哪些工作应该包括在项目内,哪些不应该包括在项目内。

图6-1 项目范围管理

项目的范围,简单来说,就是我们需要做什么、我们不需要做什么。范围是一切的基础,作为项目经理,不管你是制订进度计划,还是制定预算,或者后续的监控,都是建立在范围的基础之上的。

那么,范围管理的核心是什么呢? 简单来说,就是"No More, No Less",不多也不少,也就是100%原则! 范围少了,客户(包括外部客户和内部客户)不同意也不会满意,直接影响到项目的验收和交付,所以要去不断地核实范围,实现100%范围的实现。

在实际做项目的过程中,客户经常会提出超出原始范围的一些要求,也就是一些范围变更。只有极少数项目是在原有的项目范围内完成的,虽然范围变化是不可避免的,但一定要按照正式的变更流程去做决定,不要认为是很小的变更就答应客户。即使是为了客户关系可能不得不做,也要按照正式的变更流程去评估风险、成本等,不要随便去做那101%的工作。也许开始时,这额外的

1%不会增加多少成本,但是做着做着就会发现,它竟然是个无底洞,甚至影响到了项目原始范围的交付!

所以,范围无小事,谨慎地对待一切范围变更,坚持"不多也不少的100%原则",经常去核实范围、控制范围,项目才会成功。

6.1 规划范围管理

规划范围管理是定义、确认和控制项目范围及产品范围,创建范围管理计划的过程(图6-2)。本过程的主要作用是在整个项目期间为如何管理范围提供指南和方向。本过程在项目启动初期开展。

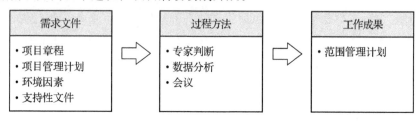

图6-2 规划范围管理

6.1.1 规划范围管理:需求文件

6.1.1.1 项目章程

项目章程包括了项目目的、项目概述、假设条件、制约因素,以及项目的特殊需求。

6.1.1.2 项目管理计划

可用于本过程的项目管理计划组件包括(但不限于):

(1)质量管理计划。在项目中实施组织的质量政策、方法和标准的方式会影响管理项目和产品范围的方式。

(2)项目生命周期描述。项目生命周期定义了项目从开始到完成所经历的一系列阶段。

(3)开发方法。开发方法定义了项目的组织形式、工作流程以及决策机制。

6.1.1.3 环境因素

能够影响规划范围管理过程的环境因素包括(但不限于)：

(1) 组织文化；

(2) 基础设施；

(3) 人事管理制度；

(4) 市场条件。

6.1.1.4 支持性文件

能够影响规划范围管理过程的支持性文件包括(但不限于)：

(1) 政策和程序；

(2) 历史信息和经验教训知识库。

6.1.2 规划范围管理：过程方法

6.1.2.1 专家判断

应该就以下主题，考虑具备相关专业知识的个人或小组的意见：

(1) 以往类似项目；

(2) 特定行业、学科和应用领域的信息。

6.1.2.2 数据分析

适用于本过程的数据分析方法包括(但不限于)备选方案分析，本方法用于收集需求、详述项目和产品范围、确认范围和控制范围的各种过程。

6.1.2.3 会议

项目团队可以通过参加项目会议来制订范围管理计划。参会者可能包括项目经理、项目发起人、选定的项目团队成员、选定的相关方、范围管理各过程的负责人，以及其他必要人员。

6.1.3 规划范围管理：工作成果

6.1.3.1 范围管理计划

范围管理计划是项目管理计划的组成部分，描述将如何定义、制定、监督、控制和确认项目范围。范围管理计划对下列工作的管理过程做出规定：

(1) 制定项目范围说明书；

(2) 根据项目范围说明书创建工作分解结构(WBS);

(3) 责任矩阵;

(4) 确定范围基准;

(5) 项目可交付成果的详细描述。

根据项目需要,范围管理计划可以是非常详细或高度概括的。

6.2 定义范围

定义范围是制定项目和产品详细描述的过程(图6-3)。本过程的主要作用是描述产品、服务或成果的边界和验收标准。

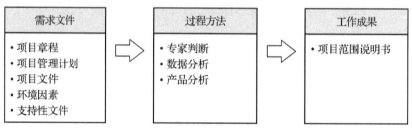

图6-3 定义范围

由于在收集需求过程中识别出的所有需求未必都包含在项目中,所以定义范围过程就要从需求文件中选取最终的项目需求,然后制定出关于项目及其产品、服务或成果的详细描述。准备好详细的项目范围说明书,对项目成功至关重要。

应根据项目启动过程中记载的主要可交付成果、假设条件和制约因素来编制详细的项目范围说明书。在项目规划过程中,随着对项目信息的更多了解,应该更加详细具体地定义和描述项目范围。此外,还需要分析现有风险、假设条件和制约因素的完整性,并做必要的增补或更新。

6.2.1 定义范围:需求文件

6.2.1.1 项目章程

项目章程中包含对项目的描述、产品特征和审批要求。

6.2.1.2 项目管理计划

项目管理计划组件包括(但不限于)范围管理计划,其中描述了如何定义、确认和控制项目范围。

6.2.1.3 项目文件

可作为本过程需求的项目文件包括(但不限于):

(1) 假设日志。假设日志识别了有关产品、项目、环境、相关方以及会影响项目和产品范围的假设条件和制约因素。

(2) 需求文件。需求文件识别了应纳入范围的需求。需求文件一开始可能只有概括性的描述,然后随着有关需求信息的增加而逐步细化。需求文件的格式多种多样,既可以是一份按相关方要求列出的简单文件,也可以是一份包括内容提要、细节描述和附件的详细文件。

许多组织把需求分为不同的种类,如功能需求方案和技术解决方案。前者是相关方的需求,后者是指如何实现这些需求。把需求分成不同的类别,有利于对需求进行进一步完善和细化。需求的类别包括:

① 相关方需求。包括相关方或相关方群体的需要。

② 功能需求。功能需求描述产品应具备的功能。

③ 非功能需求。非功能需求是对功能需求的补充,是产品正常运行所需的环境条件或质量要求,例如,可靠性、保密性、性能、安全性等。

④ 质量需求。用于确认项目可交付成果的完成标准,例如测试参数、验收文件等。

⑤ 过程管理需求。为满足需求和产品、服务或成果必须具备的特性、功能而采取的管理过程或方法。

(3) 风险登记册。风险登记册包含了可能影响项目范围的应对策略。例如因缩小或改变项目和产品范围而采取的规避或缓解风险的策略。

6.2.1.4 环境因素

会影响定义范围过程的环境因素包括(但不限于):

(1) 组织文化;

(2) 基础设施;

(3) 人事管理制度;

(4) 市场条件。

6.2.1.5 支持性文件

能够影响定义范围过程的支持性文件包括(但不限于)：
(1) 用于制定项目范围说明书的政策、程序和模板；
(2) 以往项目的项目档案；
(3) 以往项目的经验教训。

6.2.2 定义范围：过程方法

6.2.2.1 专家判断

应征求具备类似项目的知识或经验的个人或小组的意见。

6.2.2.2 数据分析

可用于本过程的数据分析方法包括(但不限于)备选方案分析。备选方案分析可用于评估实现项目章程中所述的需求和目标的各种方法。

6.2.2.3 产品分析

产品分析可用于定义产品和服务，以描述要交付的产品的用途、特征及其他方面。产品分析方法包括(但不限于)：产品分解、需求分析、技术分析、价值分析、价值工程。

6.2.3 定义范围：工作成果

6.2.3.1 项目范围说明书

项目范围说明书是对项目范围、主要可交付成果、假设条件和制约因素的描述。它记录了整个范围，包括项目和产品范围、项目可交付成果的详细描述、项目相关方之间就项目范围所达成的共识。为便于管理相关方的期望，项目范围说明书可明确指出哪些工作不属于本项目范围。

项目范围说明书使项目团队能进行更详细的规划，在执行过程中指导项目团队的工作，并为评价变更请求或额外工作是否超过项目边界提供基准。

详细的项目范围说明书包括以下内容：
(1) 产品范围描述。逐步细化在项目章程和需求文件中所述的产品、服务或成果的特征。
(2) 可交付成果。为完成某一过程、阶段或项目而必须产出的可核实的产品、成果或服务,可交付成果也包括各种过程成果,如项目管理报告和文件。

(3) 验收标准。可交付成果通过验收前必须满足的一系列标准。

(4) 项目的免除责任。明确说明哪些内容不属于项目范围,有助于管理相关方的期望及减少范围蔓延。

虽然项目章程和项目范围说明书的内容存在一定程度的重叠,但它们的详细程度完全不同。项目章程包含项目范围的初步描述,而项目范围说明书则是对范围组成部分的详细描述,这些组成部分需要在项目过程中渐进明细。表6-1显示了这两个文件的一些关键内容。

表6-1 项目章程与项目范围说明书的内容

项目章程	项目范围说明书
• 项目目的 • 可量化的项目目标和相关的成功标准 • 项目描述、边界定义以及主要可交付成果 • 整体项目风险 • 总体里程碑项目计划 • 预先批准的财务预算 • 主要相关方名单 • 项目决策机制 • 项目结束标准(结束项目应满足的条件) • 委派的项目经理及其职责、职权	• 项目范围描述(渐进渐细) • 项目可交付成果 • 验收标准 • 项目排除项

6.3 创建 WBS

创建 WBS(工作分解结构)是把项目可交付成果和项目工作分解成较小、更易于管理的组件的过程(图6-4)。工作分解结构以可交付成果为导向,对项目要素进行分组,它归纳和定义了项目的整个工作范围,每下降一层代表对项目工作的更详细定义。WBS 总是处于计划过程的中心,也是制订进度计划、资源需求、成本预算、风险管理计划和采购计划等的重要基础。

图 6-4 创建 WBS

WBS 最基本的作用就是定义项目的工作范围,明确了什么在项目范围之内,什么在项目范围之外。通过定义项目 WBS,形成项目范围基准,项目实施过程中参照此基准进行项目范围核实和控制。

6.3.1 创建 WBS:需求文件

6.3.1.1 项目管理计划

项目管理计划组件包括(但不限于)范围管理计划。范围管理计划定义了如何根据项目范围说明书创建 WBS。

6.3.1.2 项目文件

可作为本过程需求的项目文件包括(但不限于):

(1)项目范围说明书。项目范围说明书描述了需要实施的工作及不包含在项目中的工作。

(2)需求文件。需求文件详细描述了各种单一需求的具体内容。

6.3.1.3 环境因素

会影响创建 WBS 过程的环境因素包括(但不限于)项目所在行业的 WBS 标准,这些标准可以作为创建 WBS 的外部参考资料。

6.3.1.4 支持性文件

能够影响创建 WBS 过程的支持性文件包括(但不限于):

(1)用于创建 WBS 的政策、程序和模板;

(2)以往项目的项目档案;

(3)以往项目的经验教训。

6.3.2 创建 WBS:过程方法

6.3.2.1 专家判断

应征求具备类似项目知识或经验的个人或小组的意见。

6.3.2.2 分解

分解是一种把项目范围和项目可交付成果逐步划分为更小、更便于管理的组成部分的技术;工作包是 WBS 最低层的工作,可对其成本和持续时间进行估算和管理。分解的程度取决于所需的控制程度,以实现对项目的高效管理;工作包的详细程度则因项目规模和复杂程度而异。要把整个项目工作分解为工作包,通常需要开展以下活动:

(1) 识别和分析可交付成果及相关工作;
(2) 确定 WBS 的结构和编制方法;
(3) 自上而下逐层细化分解;
(4) 为 WBS 组成部分制定和分配标识编码;
(5) 核实可交付成果分解的程度是否恰当。

创建 WBS 的方法多种多样,常用的方法包括过程化方法、模板法。

(1) 过程化方法

项目由许多活动组成,活动的有机组成形成过程。该过程可以分为许多相互依赖的子过程或阶段。根据系统生命周期原理,把工程项目科学地分为若干发展阶段,如前期策划、设计和计划、实施、运行等,每一个阶段还可以进一步分解成工作过程。以项目生命周期的各阶段作为分解的第二层,把产品和项目可交付成果放在第三层,如图 6-5 所示;

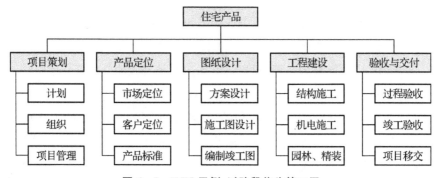

图 6-5 WBS 示例:以阶段作为第二层

在这些过程中,项目管理者必须十分熟悉这些过程,项目实施过程和项目管理过程是对项目管理者最重要的过程,项目管理的实质就是对这些过程的管理。

(2) 模板法

模板法是指项目的工作分解可以借用项目所属专业领域中的标准化或通用化的项目工作分解结构模板,然后根据具体项目的具体情况和要求进行必要的增加或删减而得到项目工作分解结构的方法。

多数项目的工作分解可以使用模板法。其主要工作是先进行项目工作分解模板的确定,然后根据具体项目的具体情况进行工作增加或减少,最后进行项目工作分解结构的分析和检验。

在选择工作分解模板时,可以借用行业的标准化或通用化的模板,也可以使用某个相似历史项目的工作分解结构,通常这种模板包含的项目工作包比具体项目所需的项目工作包多些。

WBS 包含了全部的产品和项目工作,包括项目管理工作。通过把 WBS 底层的所有工作逐层向上汇总,以确保既没有遗漏的工作,也没有多余的工作,这被称为 100% 规则。

6.3.3 创建 WBS:工作成果

6.3.3.1 范围基准

范围基准是经过批准的范围说明书、WBS 和相应的 WBS 词典,它被用作比较的基础,范围基准的变更必须通过正式的变更审批程序。范围基准是项目管理计划的组成部分,包括:

(1) 项目范围说明书。项目范围说明书包括对项目范围、主要可交付成果、假设条件和制约因素的描述。

(2) WBS。WBS 是为实现项目目标、创建需要实施的全部工作范围的层级分解。工作分解结构每向下分解一层,代表对项目工作更详细的定义。

(3) 工作包。工作包是带有编号的 WBS 最底层元素,一般的工作包是最小的"可交付成果",它是分解结果的最小单元。分解的目的是便于落实职责,便于实施、核算和信息收集等。

(4) WBS 词典。WBS 词典是工作分解结构的支持性文件,对工作分解结构中的各要素进行详细说明。WBS词典中的内容可能包括(但不限于):编码、工作包描述、假设条件和制约因素、责任人或部门、进度里程碑、时间安排、成本估算、质量要求、验收标准、所需资源。

6.4 控制范围

控制范围是监督项目和产品的范围状态,管理范围基准变更的过程(图6-6)。本过程的主要作用是在整个项目期间保持对范围基准的维护,且需要在整个项目期间开展。

图6-6 控制范围

控制项目范围是指确保所有变更请求、推荐的纠正措施或预防措施都是通过变更控制过程进行处理。控制范围过程应该与其他控制过程协调开展。未经控制的项目范围的扩大(未对时间、成本和资源做相应调整)被称为范围蔓延。变更不可避免,没有哪个项目的范围是不变的,只是变化的大小和程度不同而已,因此在每个项目上,都必须强制实施变更控制程序。

6.4.1 控制范围:需求文件

6.4.1.1 项目管理计划

可用于本过程的项目管理计划组件包括(但不限于):

(1)范围管理计划。范围管理计划定义了如何正式验收已经完成的可交付成果,记录了如何控制项目和产品范围。

(2)需求管理计划。需求管理计划描述了如何确认项目需求、如何管理项目需求。

(3)变更管理计划。变更管理计划定义了管理项目变更的过程。

(4)范围基准。用范围基准与实际结果比较,以决定是否有必要进行变更、采取纠正措施或预防措施。

6.4.1.2 项目文件

可用于本过程的项目文件包括(但不限于):

(1)经验教训登记册。在项目早期获得的经验教训可以运用到后期阶段,以改进范围控制。

(2)质量报告。质量报告的内容可包括由项目团队上报的全部质量保证事项、改进建议,以及在控制质量过程中发现的情况的概述。在验收产品之前,需要查看所有这些内容。

(3)需求文件。需求文件用于发现任何对项目或产品范围的偏离。

6.4.1.3 核实的可交付成果

核实的可交付成果是指已经完成,并在过程检查中符合质量标准的可交付成果。

6.4.1.4 支持性文件

能够影响控制范围过程的支持性文件包括(但不限于):

(1)与范围控制相关的政策、程序和指南;

(2)监督和报告的方法与模板。

6.4.2 控制范围:过程方法

6.4.2.1 检查

检查是指开展测量、评审与确认等活动,来判断工作和可交付成果是否符合需求和产品验收标准。

6.4.2.2 原因分析

项目范围变化的规律可能因项目而异,通常情况下,项目范围变化一般受以下因素的影响:

(1)项目的生命周期。项目的生命周期越长,项目的范围就越容易发生变更。

(2)项目的组织。项目的组织越科学、越有力,则越能有效制约项目范围的变化。反之,缺乏强有力的组织保障的项目范围则较容易发生变化。

(3)项目经理的素质。高素质项目经理善于在复杂多变的项目环境中应付自如,正确决策,从而使项目范围的变化不会造成对项目目标的影响。反之,则在这样的环境中,往往难以驾驭和控制项目。

除了上述因素以外,还有其他若干因素。例如,客户需求发生变化、对项目的需求识别和表达不准确、计划出现错误、项目的设计不合理、外部环境发生变化、新技术的出现等等。

6.4.2.3 数据分析

可用于控制范围过程的数据分析技术包括(但不限于):

(1) 偏差分析。偏差分析用于将基准与实际结果进行比较,以确定偏差是否处于临界值区间内或是否有必要采取纠正或预防措施。

偏差分析的价值在于将项目的进度和费用综合度量,从而能准确地描述项目的进展状态。偏差分析的另一个重要优点是可以预测项目可能发生的工期滞后量和费用超支量,从而及时采取纠正措施,为项目管理和控制提供有效手段。

在项目管理中,偏差分析指实际完成工作与计划完成工作之间的差异。具体分为:

进度偏差(Schedule Variance,简称 SV)=已完工作的预算费用(Budgeted Cost for Work Performed,简称 BCWP)-计划完成工作的预算费用(Budgeted Cost for Work Scheduled,简称 BCWS);

成本偏差(Cost Variance,简称 CV)=已完工作的预算费用(BCWP)-已完成工作的实际费用(Actual Cost for Work Performed,简称 ACWP)。

其中:

已完成工作的预算费用=已完工程量×计划单价;

计划完成工作的预算费用=计划工程量×计划单价;

已完工作的实际费用=已完工程量×实际单价。

当 CV 为负值时表示执行效果不佳,即实际费用超过预算值即超支。反之当 CV 为正值时表示实际消耗费用低于预算值,表示有节余或效率高。若 CV=0,表示项目按计划执行。

当 SV 为正值时表示进度提前,SV 为负值表示进度延误。若 SV=0,表明进度按计划执行。

(2) 趋势分析。趋势分析旨在审查项目绩效随时间的变化情况,以判断绩效是正在改善还是正在恶化。如果过程中的各项绩效指标均提前完成或按时完成,则说明范围控制工作良好。反之,则需要对未达成的绩效数据进行分析,找出绩效恶化的原因。

通过上述方法确定偏离范围基准的原因和程度,并决定是否需要采取纠正或预防措施,是项目范围控制的重要工作。

6.4.3 控制范围:工作成果

6.4.3.1 变更请求

分析项目绩效后,可能会就范围基准和进度基准,或项目管理计划的其他组成部分提出变更请求。变更请求需要按照组织的变更管理程序进行处理。

需要强调的是,变更控制的目的不是控制变更的发生,而是对变更进行管理,确保变更有序进行。

6.4.3.2 项目管理计划更新

可能需要变更的项目管理计划组成部分包括(但不限于):

(1) 范围管理计划。可以更新范围管理计划,以反映范围管理方式的变更。

(2) 范围基准。在针对范围、范围说明书、WBS 或 WBS 词典的变更获得批准后,需要对范围基准做出相应的变更。有时范围偏差太过严重,以至于需要修订范围基准,以便为绩效测量提供现实可行的依据。

(3) 进度基准。在针对范围、资源或进度估算的变更获得批准后,需要对进度基准做出相应的变更。有时进度偏差太过严重,以至于需要修订进度基准,以便为绩效测量提供现实可行的依据。

(4) 成本基准。在针对范围、资源或成本估算的变更获得批准后,需要对成本基准做出相应的变更。有时成本偏差太过严重,以至于需要修订成本基准,以便为绩效测量提供现实可行的依据。

(5) 绩效测量基准。在针对范围基准、进度基准或成本估算的变更获得批准后,需要对绩效测量基准做出相应的变更。有时绩效偏差太过严重,需要修订绩效测量基准,以便为绩效测量提供现实可行的依据。

6.4.3.3 项目文件更新

可在本过程更新的项目文件包括(但不限于):

(1) 经验教训登记册。更新经验教训登记册,以记录控制范围的有效方法,以及造成偏差的原因和选择的纠正措施。

(2) 需求文件。可以通过增加或修改需求而更新需求文件。

第 7 章

项目进度管理

项目进度管理指在项目实施过程中,对各阶段的进展程度和项目最终完成的期限所进行的管理,目的是保证项目在满足时间约束的条件下实现项目总目标。进度管理包括为确保项目按期完成所必需的所有过程(图 7-1)。

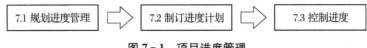

图 7-1 项目进度管理

项目进度计划提供详尽的计划,说明项目如何以及何时交付项目范围中定义的产品、服务和成果,是一种用于沟通和管理相关方期望的工具,并为绩效报告提供了依据。

进度、成本、范围是项目成功的基本要素,对项目的成败起着至关重要的作用。如果进度滞后,势必会增加项目的成本;进度提前,可能导致项目范围的减少。

另外,项目管理专家对失败项目的研究发现:工期超出计划,几乎是每个失败项目都存在的问题。因此,有效实施项目进度管理,是项目成功的重要保障,是每一个项目经理必须非常重视的工作。

7.1 规划进度管理

规划进度管理是为规划、编制、管理、执行和控制项目进度而制定政策、程序和文档的过程(图 7-2)。本过程的主要作用是为如何在整个项目期间管理项目进度提供指南和方向。

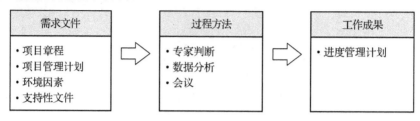

图 7-2 规划进度管理

7.1.1 规划进度管理:需求文件

7.1.1.1 项目章程

项目章程中规定的总体里程碑进度计划会影响项目的进度管理。

7.1.1.2 项目管理计划

可用于本过程的项目管理计划组件包括(但不限于):

(1) 范围管理计划。范围管理计划描述如何定义和制定范围,并提供有关如何制订进度计划的信息。

(2) 开发方法。产品开发方法有助于定义进度计划方法、估算技术、进度计划编制工具以及用来控制进度的技术。

7.1.1.3 环境因素

能够影响规划进度管理过程的环境因素包括(但不限于):

(1) 组织文化和组织架构;

(2) 团队人力资源可用性、团队技能以及物质资源可用性;

(3) 进度计划软件;

(4) 项目管理知识库,如标准化的估算数据。

7.1.1.4 支持性文件

能够影响规划进度管理过程的支持性文件包括(但不限于):

(1) 历史信息和经验教训知识库;

(2) 与制订进度计划以及管理和控制进度相关的政策、程序和指南;

(3) 模板和表格。

7.1.2 规划进度管理:过程方法

7.1.2.1 专家判断

应征求具备以下专业知识的个人或小组的意见:
(1) 进度计划的编制、管理和控制;
(2) 进度计划软件;
(3) 项目所在的特定行业。

7.1.2.2 数据分析

适用于本过程的数据分析技术包括(但不限于)备选方案分析。备选方案分析可包括确定采用哪些进度计划方法,此外,它还可以包括确定进度计划的详细程度、持续时间,以及计划检查和更新的频率。管理进度所需的计划详细程度与更新计划所需的时间量之间的平衡,应针对各个项目具体而言。

7.1.2.3 会议

项目团队可能举行规划会议来制订进度管理计划。参会人员可能包括项目经理、项目发起人、选定的项目团队成员、选定的相关方、进度计划或执行负责人,以及其他必要人员。

7.1.3 规划进度管理:工作成果

7.1.3.1 进度管理计划

进度管理计划是项目管理计划的组成部分,为编制、监督和控制项目进度建立准则和明确活动。根据项目需要,进度管理计划可以是非常详细或高度概括的,其中应包括合适的控制临界值。

进度管理计划需要确定:
(1) 项目进度软件。需要确定用于制定项目进度计划的工具软件。
(2) 准确度。准确度定义了需要规定活动持续时间估算的可接受区间,以及允许的偏差余量。
(3) 组织程序。工作分解结构(WBS)为进度管理计划提供了框架,保证了与时间估算及相应进度计划的协调性。
(4) 项目进度计划更新。需要规定在项目执行期间,如何根据项目进展对计划进行更新,并记录项目进展。

(5)报告格式。需要规定各种进度报告的格式和编制时间。

7.2 制订进度计划

本过程的内容包括对工作进行定义、分析工作顺序、估算持续时间、分析资源需求和进度制约因素,从而制订进度计划(图 7-3)。本过程的主要作用是为完成项目活动而制订具有计划日期的进度模型。本过程需要在整个项目期间开展。

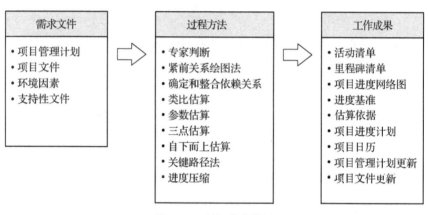

图 7-3　制订进度计划

编制进度计划时,需要审查和修正持续时间估算、资源估算和进度偏差值,以制订项目进度计划,并在经批准后作为跟踪项目进度的基准。关键步骤包括定义项目里程碑、识别活动并排列活动顺序,以及估算持续时间。最后分析进度计划,确定是否存在逻辑关系冲突,是否需要资源支持等。

制订可行的项目进度计划是一个反复进行的过程,在项目进行中,基于获取的最新信息,做到哪一阶段,项目整体完成情况,都是需要及时在计划中进行体现。

7.2.1　制订进度计划:需求文件

7.2.1.1　项目管理计划

可用于本过程的项目管理计划组件包括(但不限于):

(1)进度管理计划。进度管理计划规定了排列活动顺序、估算活动持续时间的方法和准确度,以及所需的其他标准。同时,规定了用于制订进度计划的方法和工具。

(2)范围基准。在排列活动顺序时,需明确考虑范围基准中的项目 WBS、可交付成果、制约因素和假设条件。同时,这也是编制进度计划的基础框架。

7.2.1.2 项目文件

可作为本过程需求的项目文件包括(但不限于):

(1)活动清单。活动清单明确了需要在进度计划中包含的活动。

(2)假设日志。假设日志所记录的假设条件和制约因素可能影响活动排序的方式、活动之间的关系,以及对提前量和滞后量的需求,并且有可能生成一个会影响项目进度的风险。

(3)持续时间估算。持续时间估算包括对完成某项活动所需的工作时间的定量评估,用于进度计划的推算。

(4)经验教训。经验教训登记册可以运用到项目中,以提高制订进度计划的有效性。

(5)项目进度网络图。项目进度网络图中包含用于推算进度计划的紧前和紧后活动的逻辑关系。

(6)资源需求。活动资源需求明确了每个活动所需的资源类型和数量,用于创建进度模型。

(7)风险登记册。风险登记册中的所有已识别的会影响进度的风险的详细信息及特征。

7.2.1.3 环境因素

能够影响制订进度计划过程的环境因素包括(但不限于):

(1)组织文化和组织架构;

(2)政府或行业标准;

(3)沟通渠道;

(4)进度规划工具;

(5)组织的工作授权系统。

7.2.1.4 支持性文件

能够影响制订进度计划过程的支持性文件包括(但不限于):

(1)经验教训知识库,其中包含以往类似项目的活动清单、持续时间估算数据库和其他参考数据等历史信息。

(2) 标准化的流程。

(3) 以往项目中包含标准活动清单或部分活动清单的模板。

(4) 现有与活动规划相关的政策、程序和指南，如进度规划方法论。

(5) 项目日历。在项目日历中规定了可以开展进度活动的可用工作日和工作班次。项目日历把可用于开展进度活动的时间段（按天或更小的时间单位）与不可用的时间段区分开来。

(6) 批准程序。项目经理经常错误地认为，公司或客户的批准程序会很迅速。项目经理虽然了解自己企业的批准流程，但不清楚客户的批准流程。无论是企业还是客户，能影响批准速度的因素包括：

① 有多少人参与批准程序；

② 是否存在新的参与人员；

③ 参与人员何时能达成一致意见；

④ 参与人员需要多少时间评审数据、了解数据、做出决策；

⑤ 参与人员对项目管理的理解程度；

⑥ 参与人员是否了解延误决策对项目造成的影响；

⑦ 参与人员是否需要其他信息。

项目经理需要了解公司或客户要花多少时间做出决策，所以建议把"流程批准"当成一个活动来对待。

7.2.2 制订进度计划：过程方法

7.2.2.1 专家判断

应征求具备以下专业知识或了解以往类似项目和当前项目的个人或小组的专业意见：

(1) 进度计划的编制、管理和控制；

(2) 有关估算的专业知识；

(3) 学科或应用知识。

7.2.2.2 紧前关系绘图法

紧前关系绘图法(PDM)是排列活动顺序的一种技术，用节点表示活动，用一种或多种逻辑关系连接活动，以显示活动的实施顺序。

PDM 包括四种依赖关系或逻辑关系。紧前活动是在进度计划的逻辑路径中,排在非开始活动前面的活动。紧后活动是在进度计划的逻辑路径中,排在某个活动后面的活动。这些关系的定义如图 7-4 所示:

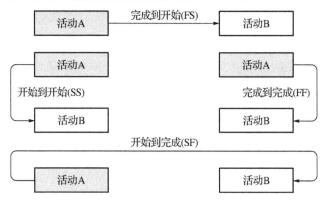

图 7-4 紧前关系绘图法的活动关系类型

(1) 完成到开始(FS)。只有紧前活动完成,紧后活动才能开始的逻辑关系。例如,只有完成施工图设计(紧前活动),才能开始启动招标工作(紧后活动)。

(2) 完成到完成(FF)。只有紧前活动完成,紧后活动才能完成的逻辑关系。例如,只有完成文件的编写(紧前活动),才能完成文件的编辑(紧后活动)。

(3) 开始到开始(SS)。只有紧前活动开始,紧后活动才能开始的逻辑关系。例如,开始地基浇灌(紧后活动)之后,才能开始混凝土的找平(紧前活动)。

(4) 开始到完成(SF)。只有紧前活动开始,紧后活动才能完成的逻辑关系。例如,只有启动新的应付账款系统(紧前活动),才能关闭旧的应付账款系统(紧后活动)。

在 PDM 图中,FS 是最常用的逻辑关系类型;SF 关系则很少使用,为了保持 PDM 四种逻辑关系类型的完整性,这里也将 SF 列出。

虽然两个活动之间可能同时存在两种逻辑关系(例如 SS 和 FF),但不建议相同的活动之间存在多种关系。因此必须选出影响最大的关系,此外也不建议采用闭环的逻辑关系。

7.2.2.3 确定和整合依赖关系

如下所述,依赖关系可能是强制或选择的、内部或外部的。这四种依赖关系可以组合成强制性外部依赖关系、强制性内部依赖关系、选择性外部依赖关系或选择性内部依赖关系。下面按依赖关系的强制性或选择性、外部或内部进行介绍。

(1) 强制性依赖关系。强制性依赖关系是法律或合同要求的或工作的内在性质决定的依赖关系，强制性依赖关系往往与客观限制有关。例如，在建筑项目中，只有在地基建成后，才能建立地面结构。强制性依赖关系又称硬逻辑关系或硬依赖关系，技术依赖关系可能不是强制性的。在活动排序过程中，项目团队应明确哪些关系是强制性依赖关系，不应把强制性依赖关系和进度计划编制工具中的进度制约因素相混淆。

(2) 选择性依赖关系。选择性依赖关系有时又称首选逻辑关系、优先逻辑关系或软逻辑关系。即便还有其他依赖关系可用，选择性依赖关系应基于具体应用领域的最佳实践或项目的某些特殊性质对活动顺序的要求来创建。例如，根据普遍公认的最佳实践，在建造期间，应先完成卫生管道工程，才能开始电气工程。这个顺序并不是强制性要求，两个工程可以同时（并行）开展工作，但如按先后顺序进行可以降低整体项目风险。应该对选择性依赖关系进行全面记录，因为它们会影响总浮动时间，并限制后续的进度安排。如果打算进行快速跟进，则应当审查相应的选择性依赖关系，并考虑是否需要调整或去除。在排列活动顺序过程中，项目团队应明确哪些依赖关系属于选择性依赖关系。

(3) 外部依赖关系。外部依赖关系是项目活动与非项目活动之间的依赖关系，这些依赖关系往往不在项目团队的控制范围内。例如，建筑项目的现场准备，可能要在相关部门批复了开工许可之后才能开始。在排列活动顺序过程中，项目管理团队应明确哪些依赖关系属于外部依赖关系。

(4) 内部依赖关系。内部依赖关系是项目活动之间的紧前关系，通常在项目团队的控制之中。例如，只有设备组装完毕，团队才能对其测试，这是一个内部的强制性依赖关系。在排列活动顺序过程中，项目管理团队应明确哪些依赖关系属于内部依赖关系。

7.2.2.4 类比估算

类比估算是一种使用相似活动或项目的历史数据，来估算当前活动或项目的持续时间或成本的方法。类比估算以过去类似项目的参数值（如持续时间、预算、规模、复杂性等）为基础，来估算未来项目的同类参数或指标。在估算持续时间时，类比估算方法以过去类似项目的实际持续时间为依据，来估算当前项目的持续时间。这是一种粗略的估算方法，有时需要根据项目复杂性进行调整,在项目详细信息不足时,就经常使用类比估算来估算项目持续时间。

相对于其他估算技术,类比估算通常成本较低、耗时较少,但准确性也较低。类比估算可以针对整个项目或项目中的某个部分进行,或可以与其他估算方法联合使用。如果以往活动是本质上而不是表面上类似,并且从事估算的项目团队成员具备必要的专业知识,那么类比估算就最为可靠。

7.2.2.5 参数估算

参数估算是一种基于历史数据和项目参数,使用某种算法来计算成本或持续时间的估算方法。它是指利用历史数据之间的统计关系和其他变量(如建筑施工中的面积),来估算诸如成本、预算和持续时间等活动参数。

把需要实施的工作量乘以完成单位工作量所需的工时,即可计算出持续时间。例如,对于设计项目,将图纸的张数乘以每张图纸所需的工时;或者对于电缆铺设项目,将电缆的长度乘以铺设每米电缆所需的工时。如果所用的资源每小时能够铺设25米电缆,那么铺设1 000米电缆的持续时间是40小时。

参数估算的准确性取决于参数模型的成熟度和基础数据的可靠性,参数进度估算可以针对整个项目或项目中的某个部分,并可以与其他估算方法联合使用。

7.2.2.6 三点估算

通过考虑估算中的不确定性和风险,可以提高持续时间估算的准确性。使用三点估算有助于界定活动持续时间的近似区间:

(1) 最可能时间(t_M)。基于最可能获得的资源、最可能取得的资源生产率、对资源可用时间的现实预计、资源对其他参与者的可能依赖关系及可能发生的各种干扰等,所估算的活动持续时间。

(2) 最乐观时间(t_O)。基于活动的最好情况所估算的活动持续时间。

(3) 最悲观时间(t_P)。基于活动的最差情况所估算的持续时间。

基于持续时间在三种估算值区间内的假定分布情况,可计算期望持续时间t_E。一个常用公式为三角分布:

$$t_E = (t_O + t_M + t_P)/3$$

历史数据不充分或使用判断数据时,使用三角分布,基于三点的假定分布估算出期望持续时间,并说明期望持续时间的不确定区间。

7.2.2.7 自下而上估算

自下而上估算是一种估算项目持续时间或成本的方法,通过从下到上逐层汇总 WBS 组成部分的估算而得到项目估算。如果无法以合理的可信度对活动持续时间进行估算,则应将活动中的工作进一步细化,然后估算具体的持续时间,接着再汇总这些估算,得到每个活动的持续时间。

7.2.2.8 关键路径法

关键路径法用于在进度模型中估算项目最短工期,确定逻辑网络路径的进度灵活性大小。这种进度网络分析技术在不考虑任何资源限制的情况下,沿进度网络路径使用顺推与逆推法,计算出所有活动的最早开始、最早结束、最晚开始和最晚完成日期,如图 7-5 所示。

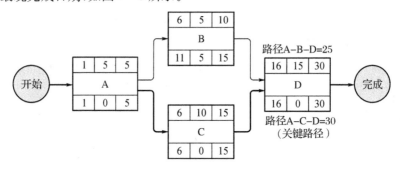

图 7-5 关键路径法示例

在这个例子中,最长的路径包括活动 A、C 和 D,因此,活动序列 A—C—D 就是关键路径。关键路径是项目中时间最长的活动顺序,决定着可能的项目最短工期。最长路径的总浮动时间最少,通常为零。由此得到的最早和最晚的开始和结束日期并不一定就是项目进度计划,而只是把既定的参数(活动持续时间、逻辑关系、提前量、滞后量和其他已知的制约因素)输入进度模型后所得到的一种结果,表明活动可以在该时段内实施。关键路径法用来计算进度模型中的关键路径、总浮动时间和自由浮动时间,或逻辑网络路径的进度灵活性大小。

7.2.2.9 进度压缩

进度压缩技术是指在不缩减项目范围的前提下,缩短或加快进度工期,以满足进度制约因素、强制日期或其他进度目标。图 7-6 比较了多个进度压缩技术,包括赶工和快速跟进。

(1)赶工。赶工是通过增加资源,以最小的成本代价来压缩进度工期的一种技术。赶工的例子包括：批准加班、增加额外资源或支付加急费用,加快关键路径上的活动。赶工只适用于那些通过增加资源就能缩短持续时间的且位于关键路径上的活动。但赶工并非总是切实可行的,因它可能导致风险和(或)成本的增加。

(2)快速跟进。将正常情况下按顺序进行的活动或阶段改为至少是部分并行开展。例如,在大楼的建筑图纸尚未全部完成前就开始建地基。快速跟进可能造成返工和风险增加,所以它只适用于能够通过并行活动来缩短关键路径上的项目工期的情况,以防进度加快而增加相关活动之间的协调工作,并增加质量风险。快速跟进还有可能增加项目成本。

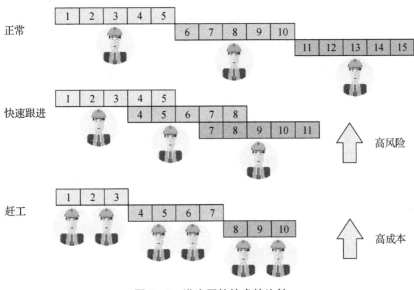

图7-6 进度压缩技术的比较

7.2.3 制订进度计划：工作成果

7.2.3.1 活动清单

活动清单包含项目所需的进度活动。活动清单包括每个活动的标识及工作范围详述,使项目团队成员知道需要完成什么工作。

活动清单中对活动的扩充描述,还可包括：活动的WBS标识或名称、紧前活动、紧后活动、逻辑关系、提前量和滞后量、资源需求、制约因素和假设条件等。

7.2.3.2 里程碑清单

里程碑是项目中的重要时点或事件,里程碑清单列出了所有项目里程碑,并指明每个里程碑是强制性的(如合同要求的)还是选择性的(如根据历史信息确定的)。里程碑的持续时间为零,因为它们代表的是一个重要时间点或事件。里程碑清单列出特定里程碑的实现日期,用于检查是否达到计划的里程碑。优质的项目管理步骤通常不超过6个里程碑,如果超过6个,项目团队会花费过多精力做阶段性总结,而无法关注实际的项目管理工作。

7.2.3.3 项目进度网络图

项目进度网络图是表示项目进度活动之间的逻辑关系(也叫依赖关系)的图形。图7-7是项目进度网络图的一个示例。项目进度网络图可手工或借助项目管理软件来绘制,可包括项目的全部细节,也可只列出一项或多项概括性活动。项目进度网络图应附有简要文字描述,说明活动排序所使用的基本方法。在文字描述中,还应该对任何异常的活动序列做详细说明。

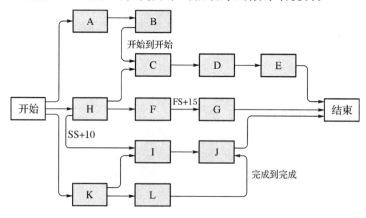

图7-7 项目进度网络图

带有多个紧前活动的活动代表路径汇聚,而带有多个紧后活动的活动则代表路径分支。带汇聚和分支的活动受到多个活动的影响或能够影响多个活动,因此存在更大的风险。I活动被称为"路径汇聚",因为它拥有多个紧前活动,而K活动被称为"路径分支",因为它拥有多个紧后活动。

7.2.3.4 进度基准

进度基准是经过批准的进度模型,是用作与实际结果进行比较的依据。进度基准包含基准开始日期和基准结束日期。在监控过程中,将用实际开始和完成日期与批准的基准日期进行比较,以确定是否存在偏差。进度基准是项目管理计划的组成部分。

7.2.3.5 估算依据

持续时间估算所需的支持信息的数量和种类因应用领域而异。不论其详细程度如何,支持性文件都应该清晰、完整地说明持续时间估算是如何得出的。

持续时间估算的支持信息可包括:

(1) 关于估算依据的文件(如估算是如何编制的);

(2) 关于全部假设条件的文件;

(3) 关于各种已知制约因素的文件;

(4) 对估算区间的说明(如"±10%"),以指出预期持续时间的所在区间;

(5) 有关影响估算的单个项目风险的文件。

7.2.3.6 项目进度计划

项目进度计划是进度模型的输出,为各个相互关联的活动标注了计划日期、持续时间、里程碑和所需资源等信息。项目进度计划中至少包括每个活动的计划开始日期与计划完成日期。项目进度计划可以是概括的(有时称为主进度计划或里程碑进度计划),也可以是详细的。虽然项目进度计划可用列表形式,但图形方式更常见。可以采用以下一种或多种图形来呈现:

(1) 横道图。横道图也被称为"甘特图",是展示进度信息的一种图表方式。在横道图中,纵向列示活动,横向列示日期,用横条表示活动自开始日期至完成日期的持续时间。横道图相对易读,比较常用。

(2) 里程碑图。与横道图类似,但仅标示出主要可交付成果和关键外部接口的计划开始或完成日期。

(3) 项目进度网络图。这些图形通常用活动节点法绘制,没有时间刻度,纯粹显示活动及其相互关系,有时也称为"纯逻辑图"。项目进度网络图也可以是包含时间刻度的进度网络图,称为"时标逻辑图",其中包含时间刻度和表示活动持续时间的横条,以及活动之间的逻辑关系。

7.2.3.7 项目日历

在项目日历中规定可以开展进度活动的可用工作日和工作班次,它把可用于开展进度活动的时间段(按天或更小的时间单位)与不可用的时间段区分开来。在一个进度模型中,可能需要采用不止一个项目日历来编制项目进度计划,因为有些活动需要不同的工作时段。因此,可能需要对项目日历进行更新。

7.2.3.8 项目管理计划更新

可能需要更新的项目管理计划组成部分包括(但不限于):

(1) 进度管理计划。可能需要更新进度管理计划,以反映制定和管理进度计划的方式的变更。

(2) 成本基准。在针对范围、资源或成本估算的变更获得批准后,需要对成本基准做出相应的变更。有时成本偏差太过严重,以至于需要修订成本基准,以便为绩效测量提供现实可行的依据。

7.2.3.9 项目文件更新

可在本过程更新的项目文件包括(但不限于):

(1) 活动清单。在排列活动顺序时,活动清单可能会受到项目活动关系变更的影响。

(2) 假设日志。可能需要更新假设日志,以反映创建进度模型时发现的有关持续时间、资源使用、排序或其他信息的假设条件的变更。

(3) 持续时间估算。资源的数量和可用性以及活动依赖关系可能会引起持续时间估算的变更。如果资源平衡分析改变了资源需求,就可能需要对持续时间估算做出相应的更新。

(4) 经验教训登记册。能够有效和高效制定进度模型的技术可以被增加到经验教训登记册中。

(5) 资源需求。如果资源平衡分析改变了资源需求,就需要对资源需求做出相应的更新。

(6) 风险登记册。可能需要更新风险登记册,以反映进度假设条件所隐含的机会或威胁。

(7) 里程碑清单。在排列活动顺序时,特定里程碑的计划实现日期可能会受到项目活动关系变更的影响。

7.3 控制进度

控制进度是监督项目状态以更新项目进度和管理进度基准变更的过程

(图 7-8)。本过程的主要作用是在整个项目期间保持对进度基准的维护,且需要在整个项目期间开展。

图 7-8 控制进度

要更新进度模型,就需要了解迄今为止的实际绩效。控制进度作为项目管理工作的一部分,应关注如下内容:

(1)判断项目进度的当前状态;
(2)对引起进度变更的因素施加影响;
(3)判断项目进度是否已经发生变更;
(4)在变更实际发生时对其进行管理。

将工作外包时,定期向承包商和供应商了解里程碑的状态更新是确保工作按商定进度进行的一种途径,有助于确保进度受控。同时,应执行进度巡检,确保承包商报告的准确性和完整性。

7.3.1 控制进度:需求文件

7.3.1.1 项目管理计划

可用于本过程的项目管理计划组件包括(但不限于):

(1)进度管理计划。进度管理计划描述了进度的更新频率、进度储备的使用方式,以及进度的控制方式。

(2)进度基准。把进度基准与实际结果相比,判断是否需要进行变更或采取纠正或预防措施。

(3)范围基准。在监控进度基准时,需明确考虑范围基准中的项目 WBS、可交付成果、制约因素和假设条件。

(4)绩效测量基准。使用挣值分析时,将绩效测量基准与实际结果比较,决定是否有必要进行变更、采取纠正措施或预防措施。

7.3.1.2 项目文件

可作为本过程需求的项目文件包括(但不限于):

（1）经验教训登记册。在项目早期获得的经验教训可以运用到后期阶段，以改进进度控制。

（2）项目日历。在一个进度模型中，可能需要不止一个项目日历来预测项目进度，因为有些活动需要不同的工作时段。

（3）项目进度计划。项目进度计划应是最新版本的项目进度计划，其中图示了截至指定日期的更新情况、已完成活动和已开始活动。

（4）进度数据。在控制进度过程中需要对进度数据进行审查和更新。

7.3.1.3 工作绩效数据

工作绩效数据包含关于项目状态的数据，例如哪些活动已经开始，它们的进展如何（如实际持续时间、剩余持续时间和实际完成百分比），哪些活动已经完成。

7.3.1.4 支持性文件

能够影响控制进度过程的支持性文件包括（但不限于）：

（1）现有与进度控制有关的政策、程序和指南；

（2）进度控制工具；

（3）可用的监督和报告方法。

7.3.2 控制进度：过程方法

7.3.2.1 数据分析

可用作本过程的数据分析方法包括（但不限于）：

（1）挣值分析。进度绩效测量指标［如进度偏差（SV）和进度绩效指数（SPI）］用于评价偏离初始进度基准的程度。

（2）绩效审查。绩效审查是指根据进度基准，测量、对比和分析进度绩效，如实际开始和完成日期、已完成百分比，以及当前工作的剩余持续时间。

（3）趋势分析。趋势分析检查项目绩效随时间的变化情况，以确定绩效是在改善还是在恶化。图形分析技术有助于理解截至目前的绩效，并与未来的绩效目标（完工日期）进行对比。

（4）偏差分析。偏差分析关注实际开始和完成日期与计划的偏离、实际持续时间与计划的差异，以及浮动时间的偏差。它包括确定偏离进度基准的原因与程度，评估这些偏差对未来工作的影响，以及确定是否需要采取纠正或预防措施。例如,非关键路径上的某个活动发生较长时间的延误,可能不会对整体项目进度产生影响;而某个关键或次关键活动的稍许延误,却可能需要立即采取行动。

7.3.2.2 关键路径法

检查关键路径的进展情况有助于确定项目进度状态。关键路径上的偏差将对项目的结束日期产生直接影响。评估次关键路径上的活动的进展情况,有助于识别进度风险。

7.3.2.3 进度压缩

采用进度压缩技术使进度落后的项目活动赶上计划,可以对剩余工作使用快速跟进或赶工方法。

7.3.3 控制进度:工作成果

7.3.3.1 工作绩效信息

工作绩效信息包括与进度基准相比较的项目工作执行情况。可以在工作包层级计算开始和完成日期的偏差以及持续时间的偏差。对于使用挣值分析的项目,进度偏差(SV)和进度绩效指数(SPI)将记录在工作绩效报告中。

7.3.3.2 进度预测

进度更新即进度预测,指根据已有的信息和知识,对项目未来的情况和事件进行的估算或预计。

7.3.3.3 项目管理计划更新

可能需要更新的项目管理计划组成部分包括(但不限于):

(1)进度管理计划。可能需要更新进度管理计划,以反映进度管理方法的变更。

(2)进度基准。在项目范围、活动资源或活动持续时间估算等方面的变更获得批准后,可能需要对进度基准做相应变更。另外,因进度压缩技术或绩效问题造成变更时,也可能需要更新进度基准。

(3)成本基准。在针对范围、资源或成本估算的变更获得批准后,需要对成本基准做出相应的变更。

(4)绩效测量基准。在范围、进度绩效或成本估算的变更获得批准后,需要对绩效测量基准做出相应的变更。有时绩效偏差太过严重,需要提出变更请求来修订绩效测量基准,以便为绩效测量提供现实可行的依据。

7.3.3.4 项目文件更新

可在本过程更新的项目文件包括(但不限于):

(1) 假设日志。进度绩效可能表明需要修改关于活动排序、持续时间和生产效率的假设条件。

(2) 估算依据。进度绩效可能表明需要修改持续时间的估算方式。

(3) 经验教训登记册。更新经验教训登记册,以记录维护进度的有效技术,以及造成偏差的原因和用于应对进度偏差的纠正措施。

(4) 项目进度计划。把更新后的进度数据代入进度模型,生成更新后的项目进度计划,以反映进度变更并有效管理项目。

(5) 风险登记册。采用进度压缩技术可能导致风险,也就可能需要更新风险登记册及其中的风险应对计划。

(6) 进度数据。可能需要重新绘制项目进度网络图,以反映经批准的剩余持续时间和经批准的进度计划修改。有时,项目进度延误非常严重,以至于必须重新预测开始与完成日期,编制新的目标进度计划,才能为指导工作、测量绩效和度量进展提供现实的数据。

第8章

项目成本管理

项目成本管理包括为使项目在批准的预算内完成而对成本进行规划、估算、预算、管理和控制的各个过程(图8-1),从而确保项目在批准的预算内完工。

图8-1 项目成本管理

项目成本管理就是要确保在批准的预算内完成项目,具体项目要依靠制订成本管理计划、成本估算、成本预算、成本控制四个过程来完成。成本管理要遵循以下原则:

(1) 集成原则。项目的成本、进度和技术三者密不可分。因此,项目的成本管理绝不可能脱离技术管理和进度管理而独立存在,而是要在成本、技术、进度三者之间进行综合平衡,也就是说,要对三者进行系统的管理。

(2) 全面控制原则。全面控制原则包括全员控制和全过程控制。全员控制是指成本控制涉及所有部门、项目部和员工,并不仅仅是经营部门、成本部门和财务部门的事。而且,项目成本的发生涉及项目的每一个过程和每一个环节,并且在不同的阶段有着不同的重点。

(3) 目标原则。目标原则是指通过建立一套科学的费用估算与控制的体系,将费用的估算转化成为可控制的预算(比较的基准)并对其进行控制。它是进行费用控制的前提和基础,主要包括成本的设定和分解、责任的到位和执行、执行的结果以及修正目标等内容。

(4) 动态控制原则。所谓动态控制就是在项目管理的过程中,收集成本发生的实际值,并将其与目标值相比较,分析其趋势,检查有无偏差,若无偏差,则继续进行,否则就要找出具体原因,采取相应措施。动态控制是一个不停地检查、分析、修正的循环过程。

(5) 节约原则。节约原则是成本控制的基本原则。节约并不是消极地限制与监督,而是在成本控制的过程中经常检查、查找偏差,通过方案的优化和管理水平的提高来达到节约的目的。在应用这一原则时,要注意降低成本的可能性以及合理性。

(6) 规避风险原则。在项目管理过程中,可能会出现决策风险、机制风险、方案变动风险、信用风险、市场风险、政策风险、法律风险、不可抗力风险等各种类型的风险,所有的这些风险最终都会体现在成本上面。因此,项目管理过程中要注意风险的规避、分散以及转移。

8.1 规划成本管理

规划成本管理是确定如何估算、预算、管理、监督和控制项目成本的过程(图 8-2)。本过程的主要作用是,在整个项目期间为如何管理项目成本提供指南和方向。

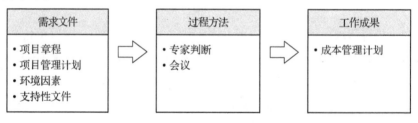

图 8-2 规划成本管理

应该在项目规划阶段的早期就对成本管理工作进行规划,建立各成本管理过程的基本框架,以确保各过程的有效性及各过程之间的协调性。成本管理计划是项目管理计划的组成部分。

8.1.1 规划成本管理：需求文件

8.1.1.1 项目章程

项目章程规定了预先批准的财务资源,可据此确定详细的项目成本。项目管理规划所规定的项目审批要求,也对项目成本管理有影响。

8.1.1.2 项目管理计划

可用于本过程的项目管理计划组件包括(但不限于):

(1) 进度管理计划。进度管理计划确定了编制、监督和控制项目进度的准则和活动,同时也提供了影响成本估算和管理的过程及控制方法。

(2) 风险管理计划。风险管理计划提供了识别、分析和监督风险的方法,同时也提供了影响成本估算和管理的过程及控制方法。

8.1.1.3 环境因素

能够影响规划成本管理过程的环境因素包括(但不限于):

(1) 能够影响成本管理的组织文化和组织结构。

(2) 市场条件,决定着在当地市场上可获取哪些产品、服务和成果。

(3) 货币汇率。

(4) 发布的商业信息。可以从商业数据库中获取劳动力、材料、设备等的相关市场价格信息。

(5) 不同地区的生产率差异,可能会对项目成本造成巨大影响。

8.1.1.4 支持性文件

能够影响规划成本管理过程的支持性文件包括(但不限于):

(1) 财务控制程序(如定期报告、必需的费用与支付审查、会计制度及标准合同条款等);

(2) 历史信息和经验教训知识库;

(3) 财务数据库;

(4) 现有的与成本估算和预算有关的政策、程序和指南。

8.1.2 规划成本管理：过程方法

8.1.2.1 专家判断

应征求具备以下专业知识的个人或小组的意见:

（1）以往类似项目；

（2）来自行业、学科和应用领域的信息；

（3）成本估算和预算；

（4）挣值管理（EVM）。

8.1.2.2 会议

项目团队可举行规划会议来制订成本管理计划。参会者可能包括项目经理、项目发起人、选定的项目团队成员、选定的相关方、项目成本负责人，以及其他必要人员。

8.1.3 规划成本管理：工作成果

8.1.3.1 成本管理计划

成本管理计划是项目管理计划的组成部分，描述将如何规划、安排和控制项目成本。成本管理过程及其方法应记录在成本管理计划中。

例如，在成本管理计划中规定：

（1）计量单位。需要规定每种资源的计量单位，例如用于计量数量的米、升、吨、千米或立方米，或者用货币表示的总价。

（2）精确度。根据活动范围和项目规模，设定成本估算向上或向下取整的程度（例如 995.59 元取整为 1 000 元）。

（3）准确度。为活动成本估算规定一个可接受的区间（如±10%），其中可能包括一定数量的应急储备。

8.2 估算成本

估算成本是对完成项目工作所需资源成本进行近似估算的过程（图 8-3）。本过程的主要作用是，确定项目所需的资金。本过程应根据需要在整个项目期间定期开展。

成本估算是对完成活动所需资源的可能成本的量化评估，是在某特定时点，根据已知信息所做出的成本预测。在估算成本时，需要识别和分析可用于启动与完成项目的备选成本方案；需要权衡备选成本方案并考虑风险，如比较自制成本与外购成本、购买成本与租赁成本及多种资源共享方案，以优化项目成本。

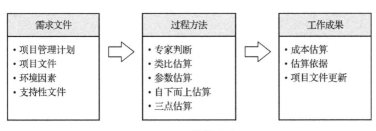

图 8-3 估算成本

在项目生命周期中,项目估算的准确性亦将随着项目的进展而逐步提高。例如,在初步可研阶段可得出项目的粗略估算,其区间为±25%;之后,随着信息越来越详细,确定性估算的区间可缩小至±5%到±10%。

进行成本估算,应该考虑与项目成本有关的全部资源,包括(但不限于)人工、材料、设备、服务、设施,以及融资成本或应急成本。

8.2.1 估算成本:需求文件

8.2.1.1 项目管理计划

可作为本过程需求的项目管理计划组件包括(但不限于):

(1)成本管理计划。成本管理计划描述了可使用的估算方法以及成本估算需要达到的准确度和精确度。

(2)质量管理计划。质量管理计划描述了项目管理团队为实现一系列项目质量目标所需的活动和资源。

(3)资源管理计划。在确定了项目范围后,通过分析和识别项目资源需求,确定和计划出项目所需资源种类(包括人力、设备、原料、能源、资金、信息等)、数量、来源、投入时段,从而制订出项目资源供应计划的一系列管理活动。这是项目成本管理的基础。

(4)范围基准。范围基准包括项目范围说明书、WBS 和 WBS 词典:

① 项目范围说明书。范围说明书反映了因项目资金支出的周期而产生的资金制约因素,或其他财务假设条件和制约因素。

② 工作分解结构。WBS 指明了项目全部可交付成果及其各组成部分之间的相互关系。

③ WBS 词典。在 WBS 词典和相关的详细工作说明书中,列明了可交付成果,并描述了为产出可交付成果,WBS 各组成部分所需进行的工作。

8.2.1.2 项目文件

可作为本过程需求的项目文件包括(但不限于)：

(1) 经验教训登记册。项目早期与制定成本估算有关的经验教训可以运用到项目后期阶段，以提高成本估算的准确度和精确度。

(2) 项目进度计划。进度计划包括项目可用的团队和实物资源的类型、数量和可用时间长短。如果资源成本取决于使用时间的长短，并且成本出现季节波动，则持续时间估算会对成本估算产生影响。进度计划还为包含融资成本(包括利息)的项目提供有用信息。

(3) 风险登记册。风险登记册包含了已识别并按优先顺序排列的单个项目风险的详细信息，及针对这些风险采取的应对措施。风险登记册还提供了可用于估算成本的详细信息。

8.2.1.3 环境因素

会影响估算成本过程的环境因素包括(但不限于)：

(1) 市场条件。可以从市场上获得什么产品、服务和成果，可以从谁那里、以什么条件获得。地区或全国性或全球性的供求情况会显著影响资源成本。

(2) 发布的商业信息。经常可以从商业数据库中获取资源成本费率及相关信息，也提供材料与设备的成本数据，还可以从卖方公布的价格清单中获取相关信息。

(3) 汇率和通货膨胀率。对于持续多年、涉及多种货币的大规模项目，需要了解汇率波动和通货膨胀，并将其纳入估算成本过程。

8.2.1.4 支持性文件

会影响估算成本过程的支持性文件包括(但不限于)：

(1) 成本估算政策；

(2) 成本估算模板；

(3) 历史信息和经验教训知识库。

8.2.2 估算成本:过程方法

8.2.2.1 专家判断

应征求具备以下专业知识的个人或小组的意见：

(1) 以往类似项目；

(2) 来自行业、学科和应用领域的信息；

(3) 成本估算方法。

8.2.2.2 类比估算

成本类比估算使用以往类似项目的参数值或属性来估算。项目的参数值和属性包括（但不限于）范围、成本、预算、持续时间和规模指标（如建筑面积、容积率、绿化率等），类比估算以这些项目参数值为基础来估算当前项目的同类参数或指标。

8.2.2.3 参数估算

参数估算是指利用历史数据之间的统计关系和其他变量（如建筑施工中的平方米），来进行项目工作的成本估算，参数估算的准确性取决于参数模型的成熟度和基础数据的可靠性。参数估算可以针对整个项目或项目中的某个部分，并可与其他估算方法联合使用。

8.2.2.4 自下而上估算

自下而上估算是对工作组成部分进行估算的一种方法。首先对单个工作包或活动的成本进行最具体、细致的估算，然后把这些细节性成本向上汇总，用于后续报告和跟踪。自下而上估算的准确性，通常取决于单个活动或工作包的规模或其他属性。

8.2.2.5 三点估算

通过考虑估算中的不确定性与风险，使用三种估算值来界定活动成本的近似区间，可以提高单点成本估算的准确性：

(1) 最可能成本（c_M）。对所需进行的工作和相关费用进行比较现实的估算，所得到的活动成本。

(2) 最乐观成本（c_O）。基于活动的最好情况所得到的成本。

(3) 最悲观成本（c_P）。基于活动的最差情况所得到的成本。

基于活动成本在三种估算值区间内的假定分布情况，使用公式来计算预期成本（c_E）。两种常用的公式是三角分布和贝塔分布，其计算公式分别为：

(4) 三角分布。$c_E=(c_O+c_M+c_P)/3$

(5) 贝塔分布。$c_E=(c_O+4c_M+c_P)/6$

基于三点的假定分布计算出期望成本，并说明期望成本的不确定区间。

8.2.3 估算成本：工作成果

8.2.3.1 成本估算

成本估算包括对完成项目工作可能需要的成本、应对已识别风险的应急储备，以及应对计划外工作的管理储备的估算。成本估算可以是汇总的或详细分列的。成本估算应覆盖项目的全部资源消耗，包括（但不限于）直接人工、材料、设备、服务、设施、信息技术，以及一些特殊的成本种类，如融资成本（包括利息）、通货膨胀补贴、汇率或成本应急储备。

8.2.3.2 估算依据

成本估算所需的支持信息的数量和种类，因行业而异，不论其详细程度如何，支持性文件都应该清晰、完整地说明成本估算是如何得出的。

成本估算的支持信息可包括：

（1）关于估算依据的文件（如估算是如何编制的）；

（2）关于全部假设条件的文件；

（3）关于各种已知制约因素的文件；

（4）有关已识别的、在估算成本时应考虑的风险的文件；

（5）对估算区间的说明（如"10 000 元±10%"就说明了预期成本的所在区间）；

（6）对最终估算数据的其他说明。

8.2.3.3 项目文件更新

可在本过程更新的项目文件包括（但不限于）：

（1）假设日志。在成本估算过程中可能会做出新的假设、识别新的制约因素，或者重新审查和修改已有的假设条件或制约因素。假设日志应根据这些新信息做出相应更新。

（2）经验教训登记册。有效的估算成本的方法，应更新在经验教训登记册中。

（3）风险登记册。在估算成本过程中采用的风险应对措施，应更新到风险登记册中。

8.3 制定预算

制定预算是指在确定项目成本估算后,将估算中各项成本费用按项目分解结构(WBS 编码)和项目工期计划进行分配,从而建立一个经批准的成本基准的过程(图 8-4)。本过程的主要作用是确定可据以监督和控制项目绩效的成本基准。

项目预算包括经批准用于执行项目的全部资金,由此,可以安排项目相应其他管理计划,例如,资金使用计划、物资采购计划等。这是进行项目管理的基准。

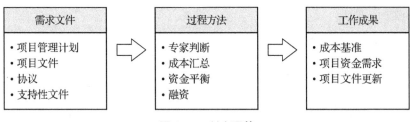

图 8-4 制定预算

8.3.1 制定预算:需求文件

8.3.1.1 项目管理计划

可作为本过程需求的项目管理计划组件包括(但不限于):

(1)成本管理计划。成本管理计划描述了如何将项目成本纳入项目预算中。

(2)资源管理计划。资源管理计划提供了有关(人力和其他资源的)费率、差旅成本估算和其他可预见成本的信息,这些信息是估算整个项目预算时必须考虑的因素。

(3)范围基准。范围基准包括项目范围说明书、WBS 和 WBS 词典的详细信息,可用于成本估算和管理。

8.3.1.2 项目文件

可作为本过程需求的项目文件包括(但不限于):

（1）估算依据。在估算依据中包括基本的假设条件，例如，项目预算中是否应该包含间接成本或其他成本。

（2）成本估算。各工作包内每个活动的成本估算汇总后，即得到各工作包的成本估算。

（3）项目进度计划。项目进度计划包括项目活动、里程碑、工作包和资金需求的开始和结束日期。可根据这些信息，把计划成本和实际成本汇总到相应的日历时段中。

（4）风险登记册。应该审查风险登记册，以确定如何汇总风险应对成本。风险登记册的更新包含在项目文件更新中。

8.3.1.3 协议

在制定预算时，需要考虑将要或已经采购的产品、服务或成果的成本，以及适用的协议信息。

8.3.1.4 支持性文件

会影响制定预算过程的支持性文件包括（但不限于）：

（1）现有的与成本预算有关的政策、程序和指南；

（2）历史信息和经验教训知识库；

（3）成本预算工具；

（4）报告方法。

8.3.2 制定预算:过程方法

8.3.2.1 专家判断

应征求具备以下专业知识的个人或小组的意见：

（1）以往类似项目；

（2）来自行业、学科和应用领域的信息；

（3）资金需求和来源。

8.3.2.2 成本汇总

先把成本估算汇总到WBS中的工作包，再由工作包汇总得出整个项目的总成本。

8.3.2.3 资金平衡

应该根据对项目资金的任何限制，来平衡资金支出。如果发现资金限制与计划支出之间有差异,则可能需要调整工作的进度计划,以平衡资金支出水平。这可以通过在项目进度计划中添加强制日期来实现。

8.3.2.4 融资

融资是指为项目获取资金。如果项目使用外部资金,出资实体可能会提出一些必须满足的要求。

8.3.3 制定预算:工作成果

8.3.3.1 成本基准

成本基准是经过批准的、按时间段分配的项目预算,项目预算和成本基准的各个组成部分,如图 8-5 所示。先汇总各项目活动的成本估算及其应急储备,得到相关工作包的成本;然后汇总各工作包的成本估算及其应急储备,得到成本基准。

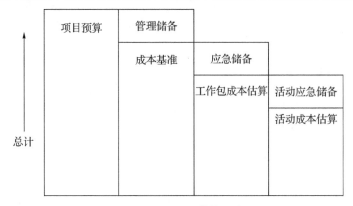

图 8-5 项目预算的组成

最后,在成本基准之上增加管理储备,得到项目预算。当出现有必要动用管理储备时,则应该在获得批准之后,把适量的管理储备移入成本基准中。

8.3.3.2 项目资金需求

根据成本基准,确定总资金需求和阶段性(如季度或年度)资金需求。成本基准中包括预计支出及预计债务。

8.3.3.3 项目文件更新

在本过程更新的项目文件包括(但不限于):
(1)成本估算。更新成本估算,以记录任何额外信息。
(2)项目进度计划。项目进度计划可能记录了各项活动的估算成本。

（3）风险登记册。记录在本过程中识别的新风险于风险登记册中，并通过风险管理过程进行管理。

8.4 控制成本

控制成本是监督项目状态，以更新项目成本和管理成本基准变更的过程（图 8-6）。本过程的主要作用是，在整个项目期间保持对成本基准的维护。本过程需要在整个项目期间开展。

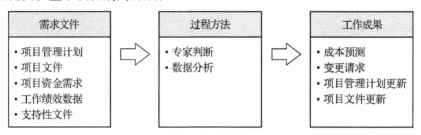

图 8-6 控制成本

要更新预算，就需要了解截至目前的实际成本。只监督资金的支出，而不考虑由这些支出所完成的工作的价值，对项目没有什么意义，最多只能跟踪资金流。所以，在成本控制中，应重点分析项目资金支出与相应完成的工作之间的关系。有效成本控制的关键在于管理经批准的成本基准。

项目成本控制包括：

（1）对造成成本基准变更的因素施加影响；

（2）确保所有变更请求都得到及时处理；

（3）当变更实际发生时，管理这些变更；

（4）确保成本支出不超过批准的资金限额，既不超出按时段、按 WBS 组件、按活动分配的限额，也不超出项目总限额；

（5）监督成本绩效，找出并分析与成本基准间的偏差；

（6）对照资金支出，监督工作绩效；

（7）防止出现未经批准的变更；

（8）向相关方报告所有经批准的变更及其相关成本；

（9）设法把预期的成本超支控制在可接受的范围内。

8.4.1 控制成本:需求文件

8.4.1.1 项目管理计划

可作为本过程需求的项目管理计划组件包括(但不限于):

(1) 成本管理计划。成本管理计划描述将如何管理和控制项目成本。

(2) 成本基准。把成本基准与实际结果相比,以判断是否需要进行变更或采取纠正或预防措施。

(3) 绩效测量基准。使用挣值分析时,将绩效测量基准与实际结果比较,以决定是否有必要进行变更、采取纠正措施或预防措施。

8.4.1.2 项目文件

可作为本过程需求的项目文件包括(但不限于)经验教训登记册。在项目早期获得的经验教训可以运用到后期阶段,以改进成本控制。

8.4.1.3 项目资金需求

项目资金需求包括预计支出及预计债务。

8.4.1.4 工作绩效数据

工作绩效数据包含关于项目状态的数据,例如哪些成本已批准、发生、支付和开具发票。

8.4.1.5 支持性文件

会影响控制成本过程的支持性文件包括(但不限于):

(1) 与成本控制相关的政策、程序和指南;

(2) 成本控制工具;

(3) 可用的监督和报告方法。

8.4.2 控制成本:过程方法

8.4.2.1 专家判断

控制成本过程中专家判断的内容包括(但不限于):

(1) 偏差分析;

(2) 挣值分析;

(3) 预测;

(4) 财务分析。

8.4.2.2 数据分析

适用于控制成本过程的数据分析方法包括(但不限于):

(1) 挣值分析(EVA)。挣值分析将实际进度和成本绩效与绩效测量基准进行比较。挣值管理(EVM)把范围基准、成本基准和进度基准整合起来,形成绩效测量基准。它针对每个工作包计算并监测以下三个关键指标:

① 计划价值。计划价值(PV)是为计划工作分配的经批准的预算,它是为完成某活动或工作分解结构(WBS)组成部分而准备的一份经批准的预算,不包括管理储备。应该把该预算分配至项目生命周期的各个阶段;在某个给定的时间点,计划价值代表着应该已经完成的工作。PV 的总和有时被称为绩效测量基准(PMB),项目的总计划价值又被称为完工预算(BAC)。

② 挣值(EV)是对已完成工作的测量值,用该工作的批准预算来表示,是已完成工作的经批准的预算。

③ 实际成本。实际成本(AC)是在给定时段内,执行某活动而实际发生的成本,是为完成与 EV 相对应的工作而发生的总成本。AC 没有上限,为实现 EV 所花费的任何成本都要计算进去。

(2) 偏差分析。在挣值管理(EVM)中,偏差分析用以解释成本偏差(CV=EV−AC)、进度偏差(SV=EV−PV)和完工偏差(VAC=BAC−EAC)的原因、影响和纠正措施。成本和进度偏差是最需要分析的两种偏差。通过比较计划成本和实际成本,识别成本基准与实际项目绩效之间的差异;然后可以实施进一步的分析,以判定偏离进度基准的原因和程度,并决定是否需要采取纠正或预防措施。偏差分析包括(但不限于):

① 进度偏差。进度偏差(SV)是测量进度绩效的一种指标,表示为挣值与计划价值之差。它指在某个给定的时点,项目提前或落后的进度,是测量项目进度绩效的一种指标,等于挣值(EV)减去计划价值(PV)。EVA 进度偏差是一种有用的指标,可表明项目进度是落后还是提前于进度基准。当项目完工时,全部的计划价值都将实现(即成为挣值),所以 EVA 进度偏差最终将等于零。

用公式表示为:SV=EV−PV。

② 成本偏差。成本偏差(CV)是在某个给定时点的预算亏空或盈余量,表示为挣值与实际成本之差。它是测量项目成本绩效的一种指标,等于挣值

(EV)减去实际成本(AC)。项目结束时的成本偏差,就是完工预算(BAC)与实际成本之间的差值。由于成本偏差指明了实际绩效与成本支出之间的关系,所以非常重要。负的 CV 一般都是不可挽回的。

用公式表示为:$CV=EV-AC$。

③ 进度绩效指数。进度绩效指数(SPI)是测量进度效率的一种指标,表示为挣值与计划价值之比,反映了项目团队完成工作的效率。有时与成本绩效指数(CPI)一起使用,以预测项目的最终完工估算。当 SPI 小于 1.0 时,说明已完成的工作量未达到计划要求;当 SPI 大于 1.0 时,则说明已完成的工作量超过计划。

用公式表示为:$SPI=EV/PV$。

④ 成本绩效指数。成本绩效指数(CPI)是测量预算资源的成本效率的一种指标,表示为挣值与实际成本之比。它是最关键的 EVA 指标,用来测量已完成工作的成本效率。当 CPI 小于 1.0 时,说明已完成工作的成本超支;当 CPI 大于 1.0 时,则说明到目前为止成本有结余。

用公式表示为:$CPI=EV/AC$。

(3) 趋势分析。趋势分析旨在审查项目绩效随时间的变化情况,以判断绩效正在改善还是正在恶化。

(4) 储备分析。在控制成本过程中,可以采用储备分析来监督项目中应急储备和管理储备的使用情况,从而判断是否还需要这些储备,或者是否需要增加额外的储备。随着项目工作的进展,这些储备可能已按计划用于支付风险或其他应急情况的成本;反之,如果抓住机会节约了成本,节约下来的资金可能会增加到应急储备中,或作为盈利(利润)从项目中剥离。

8.4.3 控制成本:工作成果

8.4.3.1 成本预测

无论是计算得出的 EAC 值,还是自下而上估算的 EAC 值,都需要记录下来,并传达给相关方。

8.4.3.2 变更请求

分析项目绩效后,可能会就成本基准和进度基准,或项目管理计划的其他组成部分提出变更请求。变更请求应进行审批。

8.4.3.3 项目管理计划更新

可能需要更新的项目管理计划组成部分包括(但不限于)：

(1) 成本管理计划。成本管理计划中需要更新的内容包括：用于管理项目成本的控制临界值或所要求的准确度。要根据相关方的反馈意见，对它们进行更新。

(2) 成本基准。在针对范围、资源或成本估算的变更获得批准后，需要对成本基准做出相应的变更。在某些情况下，成本偏差可能太过严重，以至于需要修订成本基准，以便为绩效测量提供现实可行的依据。

(3) 绩效测量基准。在针对范围、进度绩效或成本估算的变更获得批准后，需要对绩效测量基准做出相应的变更。在某些情况下，绩效偏差可能太过严重，以至于需要提出变更请求来修订绩效测量基准，以便为绩效测量提供现实可行的依据。

8.4.3.4 项目文件更新

可在本过程更新的项目文件包括(但不限于)：

(1) 假设日志。成本绩效可能表明需要重新修订有关资源生产率和其他影响成本绩效的因素的假设条件。

(2) 估算依据。成本绩效可能表明需要重新审查初始估算依据。

(3) 成本估算。可能需要更新成本估算，以反映项目的实际成本效率。

(4) 经验教训登记册。有效维护预算、偏差分析、挣值分析、预测，以及应对成本偏差的纠正措施的相关技术，应当更新在经验教训登记册中。

(5) 风险登记册。如果出现成本偏差，或者成本可能达到临界值，则应更新风险登记册。

第9章

项目质量管理

项目质量管理包括把组织的质量政策应用于规划、管理、控制项目和产品质量要求,以满足相关方目标的各个过程(图9-1)。规划质量管理过程关注工作需要达到的质量,管理质量则关注管理整个项目期间的质量过程,控制质量关注工作成果与质量要求的比较,确保结果可接受。

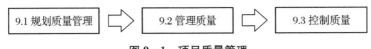

图9-1 项目质量管理

组织为实现质量目标,应遵循以下质量管理原则:

(1) 客户导向。就是以客户为中心,把客户的满意度作为质量标准的尺子。这是 ISO—10006 项目管理质量指南的首要原则。鉴于顾客是组织的存在之本,因此组织不但应该了解顾客当前的需求,而且要了解其未来潜在的需求,并争取超越顾客的期望。一些国际著名公司甚至提出,客户的满意度只能说明质量及格,只有超越客户的期望值,才能获得客户对品牌的忠诚。

(2) 过程管理。就是将质量管理的关注点从结果检验转变为过程监控。这种过程管理体现在两个方面:

① 在时间维度,将整个项目实施视为一个工作任务衔接的流程,通过对工作流程的分析,识别和精简那些无效益的工作环节,理顺分工的接口,在流程链条上建立相互监督机制,让每个工作环节的下游工序都变成上游工序的客户,依次对上游进行质量监督。

② 在空间维度,将整个项目实施视为一个各类资源的集成活动,通过对相

互依存的组合要素的分析,识别并优化各类要素功能指标,在其衔接的接口处严格把关,加强沟通,分享信息和技术资源,确保最终产品的质量标准。

(3) 管理层的责任。项目的成功需要项目团队全体成员的参与。管理层在其质量职责内,肩负着为项目提供足够的资源的相应责任。

(4) 以事实为依据。任何有效决策都不能凭主观的概念和假设,而必须以事实为依据,必须建立在量化分析的基础上。应明确规定收集绩效数据的方法、时间和职责,确保数据信息的精确可靠,并及时送达信息需求者(如领导、客户、投资人等),作为决策的依据。

(5) 全员参与。质量问题不仅仅是质量检查人员的职责,而是人人有责。

(6) 与供应商的互利合作关系。组织与其供应商相互依赖。相较传统的供应商管理而言,与供应商建立合作伙伴关系对组织和供应商都更加有益。组织应着眼于长期关系而不是短期利益。互利合作关系增强了组织和供应商互相为对方创造价值的能力,推动他们共同实现客户的需求和期望,并优化成本和资源。

(7) 持续改进。由休哈特提出并经戴明完善的"计划—实施—检查—行动(PDCA)"循环是质量改进的基础。另外,诸如全面质量管理(TQM)、六西格玛和精益六西格玛等质量改进举措也可以提高项目管理的质量以及最终产品、服务或成果的质量。

9.1 规划质量管理

规划质量管理是识别项目及其可交付成果的质量要求和(或)标准,并书面描述项目将如何证明符合质量要求和(或)标准的过程(图9-2)。本过程的主要作用是为在整个项目期间如何管理和核实质量提供指南和方向。

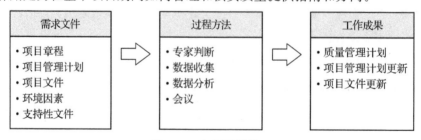

图9-2 规划质量管理

质量规划应与其他规划过程并行开展。例如,为满足既定的质量标准而对可交付成果提出变更,可能需要调整成本或进度计划,并就该变更对相关计划的影响进行详细风险分析。

9.1.1 规划质量管理:需求文件

9.1.1.1 项目章程

项目章程中包含对项目和产品特征的描述,还包括可以影响项目质量管理的项目审批要求、可测量的项目目标和相关的成功标准。

9.1.1.2 项目管理计划

可作为本过程需求的项目管理计划组件包括(但不限于):

(1)需求管理计划。需求管理计划提供了识别、分析和管理需求的方法,以供质量管理计划和质量测量指标借鉴。

(2)风险管理计划。风险管理计划提供了识别、分析和监督风险的方法。将风险管理计划和质量管理计划的信息相结合,有助于成功交付产品和项目。

(3)相关方参与计划。相关方参与计划提供了记录相关方需求和期望的方法,为质量管理奠定了基础。

(4)范围基准。在确定适用于项目的质量标准和目标时,需要考虑 WBS 和项目范围说明书中记录的可交付成果。范围说明书包含可交付成果的验收标准。该标准的界定可能导致质量成本并进而导致项目成本的显著升高或降低。满足所有的验收标准意味着满足相关方的需求。

9.1.1.3 项目文件

可作为本过程需求的项目文件包括(但不限于):

(1)假设日志。假设日志记录与质量要求和标准有关的所有假设条件和制约因素。

(2)需求文件。需求文件记录项目和产品为满足相关方的期望应达到的要求,它包括(但不限于)针对项目和产品的质量要求。这些需求有助于项目团队规划将如何实施项目质量控制。

(3)风险登记册。风险登记册包含可能影响质量要求的各种威胁和机会的信息。

(4)相关方登记册。相关方登记册有助于识别对质量有特别兴趣或影响的相关方,尤其注重客户和项目发起人的需求和期望。

9.1.1.4 环境因素

能够影响规划质量管理过程的环境因素包括(但不限于)：

(1) 政府法规；

(2) 特定应用领域的相关规则、标准和指南；

(3) 地理分布；

(4) 组织结构。

(5) 市场条件；

(6) 项目或可交付成果的工作条件或运行条件；

(7) 文化观念。

9.1.1.5 支持性文件

能够影响规划质量管理过程的支持性文件包括(但不限于)：

(1) 组织的质量管理体系，包括政策、程序及指南；

(2) 质量模板，例如核查表；

(3) 历史数据库和经验教训知识库。

9.1.2 规划质量管理：过程方法

9.1.2.1 专家判断

应征求具备以下专业知识的个人或小组的意见：

(1) 质量保证；

(2) 质量控制；

(3) 质量测量结果；

(4) 质量改进；

(5) 质量体系。

9.1.2.2 数据收集

适用于本过程的数据收集技术包括(但不限于)：

(1) 标杆对照。标杆对照是将实际或计划的项目的质量标准与可比项目的标准进行比较，以便形成改进意见，并为绩效考核提供依据。作为标杆的项目可以来自执行组织内部或外部，标杆对照也允许用不同应用领域或行业的项目做类比。

(2)头脑风暴。通过头脑风暴可以向团队成员或主题专家收集数据,以制订最适合新项目的质量管理计划。

(3)访谈。访谈有经验的项目参与者、相关方和行业专家有助于了解他们对项目和产品质量的隐性和显性、正式和非正式的需求和期望。应在信任和保密的环境下开展访谈,以获得真实可信、不带偏见的反馈。

9.1.2.3 数据分析

适用于本过程的数据分析技术包括(但不限于):

(1)成本效益分析。成本效益分析是用来估算备选方案优势和劣势的财务分析工具,以确定可以创造最佳效益的备选方案。成本效益分析可帮助项目经理确定规划的质量活动是否有效利用了成本。

达到质量要求的主要效益包括减少返工、提高生产率、降低成本、提升相关方满意度及提升赢利能力。对每个质量活动进行成本效益分析,就是要比较其可能成本与预期效益。

(2)质量成本。与项目有关的质量成本(COQ)包含以下一种或多种成本(图9-3提供了各组成本的例子):

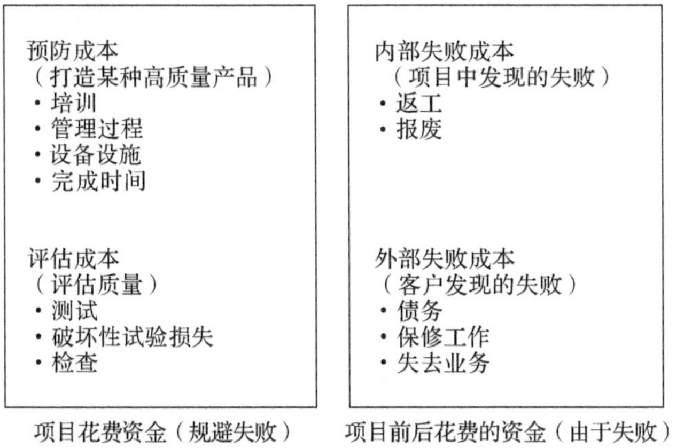

```
预防成本                          内部失败成本
 (打造某种高质量产品)              (项目中发现的失败)
 ·培训                            ·返工
 ·管理过程                        ·报废
 ·设备设施
 ·完成时间

评估成本                          外部失败成本
 (评估质量)                       (客户发现的失败)
 ·测试                            ·债务
 ·破坏性试验损失                  ·保修工作
 ·检查                            ·失去业务

项目花费资金(规避失败)          项目前后花费的资金(由于失败)
```

图 9-3 质量成本

(3)预防成本。预防项目的产品、可交付成果或服务质量低劣所带来的相关成本。

(4)评估成本。评估、测量、审计和测试特定项目的产品、可交付成果或服务所带来的相关成本。

(5)失败成本(内部/外部)。因产品、可交付成果或服务与相关方需求或期望不一致而导致的相关成本。

最优 COQ 能够在预防成本和评估成本之间找到恰当的投资平衡点，以规避失败成本。

9.1.2.4 会议

项目团队可以召开规划会议来制订质量管理计划。参会者可能包括项目经理、项目发起人、选定的项目团队成员、选定的相关方、项目质量管理活动的负责人，以及其他必要人员。

9.1.3 规划质量管理：工作成果

9.1.3.1 质量管理计划

质量管理计划是项目管理计划的组成部分，描述如何实施适用的政策、程序和指南以实现质量目标。它描述了项目管理团队为实现一系列项目质量目标所需的活动和资源。质量管理计划可以是非常详细或高度概括的，其格式与详细程度取决于项目的具体需要。应该在项目早期就对质量管理计划进行评审，以确保决策是基于准确信息的。这样做的好处是，更加关注项目的价值定位，降低因返工而造成的成本超支金额和进度延误次数。

质量管理计划包括（但不限于）以下组成部分：

(1) 项目采用的质量标准；

(2) 项目的质量目标；

(3) 质量角色与职责；

(4) 为项目规划的质量控制和质量管理活动；

(5) 与项目有关的主要程序，例如处理不符合要求的情况、纠正措施程序，以及持续改进程序。

9.1.3.2 项目管理计划更新

可能需要更新的项目管理计划组成部分包括（但不限于）：

(1) 风险管理计划。在确定质量管理方法时可能需要更改已商定的项目风险管理方法，这些变更会记录在风险管理计划中。

(2) 范围基准。如果需要增加特定的质量管理活动，范围基准可能因本过程而变更。WBS 词典记录的质量要求可能需要更新。

9.1.3.3 项目文件更新

可在本过程更新的项目文件包括(但不限于):

(1) 经验教训登记册。在质量规划过程中遇到的挑战需要更新在经验教训登记册中。

(2) 风险登记册。在本过程中识别的新风险记录在风险登记册中,并通过风险管理过程进行管理。

(3) 相关方登记册。如果在本过程中收集到有关现有或新相关方的其他信息,则记录到相关方登记册中。

9.2 管理质量

管理质量是把组织的质量政策用于项目,并将质量管理计划转化为可执行的质量活动的过程(图9-4)。本过程的主要作用是,提高实现质量目标的可能性,识别导致质量低劣的原因,以及将质量的过程状态向相关方汇报。本过程需要在整个项目期间开展。

图9-4 管理质量

管理质量被认为是所有人的共同职责,包括项目经理、项目团队、项目发起人、组织的管理层,甚至是客户。所有人在管理项目质量方面都扮演一定的角色,尽管这些角色的人数和工作量不同。参与质量管理工作的程度取决于所在行业和项目管理风格。

9.2.1 管理质量:需求文件

9.2.1.1 项目管理计划

项目管理计划组件包括(但不限于)质量管理计划。质量管理计划定义了项目和产品质量的可接受水平,并描述了如何确保可交付成果和过程达到这一质量水平。质量管理计划还描述了不合格产品的处理方式以及需采取的纠正措施。

9.2.1.2 项目文件

可用于本过程的项目文件包括(但不限于):

(1) 经验教训登记册。项目早期与质量管理有关的经验教训,可以运用到项目后期阶段,以提高质量管理的效率与效果。

(2) 质量控制测量结果。质量控制测量结果用于分析和评估项目过程和可交付成果的质量是否符合执行组织的标准或特定要求。质量控制测量结果也有助于分析这些测量结果的产生过程,以确定实际测量结果的正确程度,并用作改进举措的依据。

(3) 风险报告。使用风险报告识别项目风险的来源,这些因素能够影响项目的质量目标。

9.2.1.3 支持性文件

能够影响管理质量过程的支持性文件包括(但不限于):

(1) 包括政策、程序及指南的组织质量管理体系;

(2) 质量模板,例如核查表;

(3) 以往审计的结果;

(4) 包含类似项目信息的经验教训知识库。

9.2.2 管理质量:过程方法

9.2.2.1 数据收集

适用于本过程的数据收集技术包括(但不限于)核对单。核对单用来核实所要求的一系列步骤是否已得到执行,核对单可简可繁,许多组织都有标准化的核对单。质量核对单应该涵盖在范围基准中定义的验收标准。

9.2.2.2 数据分析

适用于本过程的数据分析方法包括(但不限于):

(1) 备选方案分析。该技术用于评估已识别的可选方案,以选择那些最合适的质量方案或方法。

(2)文件分析。分析项目控制过程的不同文件,如质量报告、测试报告、绩效报告和偏差分析,可以重点指出可能超出控制范围之外并对质量产生影响的过程。

(3)过程分析。过程分析可以识别过程改进机会,同时检查在过程期间遇到的问题、制约因素,以及非增值活动。

9.2.2.3 数据表现

适用于本过程的数据表现技术包括(但不限于):

(1)因果图。因果图,又称"鱼骨图""why-why 分析图"和"石川图",将问题陈述的原因分解为离散的分支,有助于识别问题的主要原因或根本原因。图9-5 是因果图的一个例子。

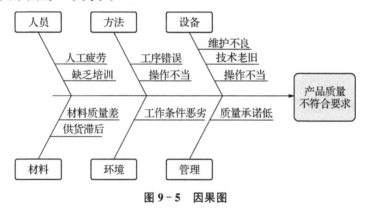

图 9-5 因果图

(2)流程图。流程图展示了引发缺陷的一系列步骤。

(3)直方图。直方图是一种展示数字数据的条形图,可以展示每个可交付成果的缺陷数量、缺陷成因的排列、各个过程的不合规次数,或项目或产品缺陷的其他表现形式。

(4)散点图。散点图是一种展示两个变量之间关系的图形,它能够展示两支轴的关系,一支轴表示过程、环境或活动的任何要素,另一支轴表示质量缺陷。

9.2.2.4 审计

审计是用于确定项目活动是否遵循了组织和项目的政策、过程与程序的独立的过程。质量审计通常由项目外部的团队开展,质量审计目标可能包括(但不限于):

（1）识别全部正在实施的质量管理过程；

（2）识别所有违规做法、差距及不足；

（3）分享所在组织和（或）行业中类似项目的良好实践；

（4）积极、主动地提供协助，以改进过程的执行，从而帮助团队提高生产效率；

（5）每次审计都应对组织经验教训知识库的积累作出贡献。

采取后续措施纠正问题，可以降低质量成本，并提高发起人或客户对项目产品的接受度。质量审计可事先安排，也可随机进行。

质量审计还可确认已批准的变更请求（包括更新、纠正措施、缺陷补救和预防措施）的实施情况。

9.2.2.5　质量改进方法

计划—实施—检查—行动（PDCA）和六西格玛是最常用的两种质量改进工具。

9.2.3　管理质量：工作成果

9.2.3.1　质量报告

质量报告可能是图形、数据列表、图片或文字描述文件，其中包含的信息可帮助其他过程和部门采取纠正措施，以实现项目质量目标。质量报告的内容可以包含团队上报的质量管理问题，针对过程、项目和产品的改善建议，纠正措施建议（包括返工、缺陷或漏洞补救、100%检查等），以及在控制质量过程中发现的情况的概述。

9.2.3.2　变更请求

如果管理质量过程期间出现了可能影响项目管理计划任何组成部分、项目文件或项目（产品）管理过程的变更，项目经理应提交变更请求并执行组织的变更审批流程。

9.2.3.3　项目管理计划更新

可能需要更新的项目管理计划组成部分包括（但不限于）：

（1）质量管理计划。可能需要根据实际结果修改已商定的质量管理方法。

（2）范围基准。范围基准可能因特定的质量管理活动而变更。

(3) 进度基准。进度基准可能因特定的质量管理活动而变更。

(4) 成本基准。成本基准可能因特定的质量管理活动而变更。

9.2.3.4 项目文件更新

可在本过程更新的项目文件包括(但不限于)：

(1) 问题日志。将本过程中提出的新问题记录到问题日志中。

(2) 经验教训登记册。项目中遇到的挑战、规避这些挑战的方法，以及良好的质量管理方式，需要记录在经验教训登记册中。

(3) 风险登记册。在本过程中识别的新风险记录在风险登记册中，并通过风险管理过程进行管理。

9.3 控制质量

控制质量是为了评估绩效而监督和记录质量管理活动执行结果的过程(图 9-6)。本过程的主要作用是核实项目可交付成果和工作已经达到项目的质量要求，并满足所有适用标准、要求、法规和规范，可供最终验收。本过程需要在整个项目期间开展。

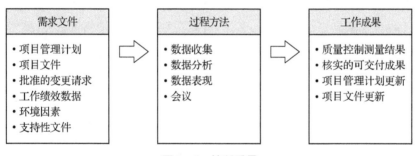

图 9-6 控制质量

控制质量过程的目的是在用户验收和最终交付之前测量产品或服务的完整性、合规性和适用性。在整个项目期间应执行质量控制，用可靠的数据来证明项目已经达到发起人和(或)客户的验收标准。

9.3.1 控制质量:需求文件

9.3.1.1 项目管理计划

项目管理计划组件包括(但不限于)质量管理计划。质量管理计划定义了如何在项目中开展质量控制。

9.3.1.2 项目文件

可用于本过程的项目文件包括(但不限于):

(1) 经验教训登记册。在项目早期获得的经验教训可以运用到后期阶段,以改进质量控制。

(2) 质量测量指标。质量测量指标专用于描述项目或产品属性,以及控制质量过程将如何验证符合程度。

9.3.1.3 批准的变更请求

通过更新变更日志,显示哪些变更已经得到批准,哪些变更没有得到批准。批准的变更请求可包括各种修正,如缺陷补救、修订的工作方法和修订的进度计划。

9.3.1.4 工作绩效数据

工作绩效数据包括产品状态数据,例如观察结果、质量测量指标、技术绩效测量数据,以及关于进度绩效和成本绩效的项目质量信息。

9.3.1.5 环境因素

能够影响控制质量过程的环境因素包括(但不限于):

(1) 项目管理信息系统;

(2) 政府法规;

(3) 特定应用领域的相关规则、标准和指南。

9.3.1.6 支持性文件

能够影响控制质量过程的支持性文件包括(但不限于):

(1) 质量标准和政策;

(2) 质量模板,例如核查表、核对单等;

(3) 问题与缺陷报告程序及沟通政策。

9.3.2 控制质量:过程方法

9.3.2.1 数据收集

适用于本过程的数据收集技术包括(但不限于):

(1)核查表。又称计数表,用于合理排列各种事项,以便有效地收集关于潜在质量问题的有用数据。在开展检查以识别缺陷时,用核查表收集数据就特别方便,例如关于缺陷数量或后果的数据。具体内容见表9-1。

表9-1 核查表

缺陷	日期1	日期2	日期3	日期4	合计
大划痕	1	2	2	2	7
小划痕	0	1	0	0	1
弯曲	3	3	1	2	9
颜色错配	5	0	2	1	8
标签错误	1	2	1	2	6

(2)统计抽样。统计抽样是指从目标总体中选取部分样本用于检查(如从75张工程图纸中随机抽取10张)。样本用于检查质量,抽样的频率和规模应在规划质量管理过程中确定。

9.3.2.2 数据分析

适用于本过程的数据分析方法包括(但不限于):

(1)绩效审查。绩效审查针对实际结果,测量、比较和分析规划质量管理过程中定义的质量测量指标。

(2)根本原因分析(RCA)。根本原因分析用于识别缺陷成因。

9.3.2.3 数据表现

适用于本过程的数据表现技术包括(但不限于):

(1)因果图。因果图用于识别质量缺陷和错误可能造成的结果。

(2)直方图。直方图可按来源或组成部分展示缺陷数量。

(3)散点图。散点图可在一支轴上展示计划的绩效,在另一支轴上展示实际绩效。

9.3.2.4 会议

以下会议可作为控制质量过程的一部分：

（1）审查已批准的变更请求。对所有已批准的变更请求进行审查，以核实它们是否已按批准的方式实施，确认是否已完成变更。

（2）回顾经验教训。项目团队举行的会议，旨在讨论以下问题：

① 项目（阶段）的成功要素；

② 待改进之处。

9.3.3 控制质量：工作成果

9.3.3.1 质量控制测量结果

控制质量的测量结果是对质量控制活动的结果的书面记录，应以质量管理计划所确定的格式加以记录。

9.3.3.2 核实的可交付成果

控制质量过程的一个目的就是确定可交付成果的正确性。如果存在任何与可交付成果有关的变更请求或改进事项，可能会执行变更、开展检查并重新核实。

9.3.3.3 项目管理计划更新

可能需要变更请求的项目管理计划组成部分包括（但不限于）质量管理计划。

9.3.3.4 项目文件更新

可在本过程更新的项目文件包括（但不限于）：

（1）问题日志。多次不符合质量要求的可交付成果通常被记录为问题。

（2）经验教训登记册。质量缺陷的来源、本应可以规避它们的方法，以及有效的处理方式，都应该记录到经验教训登记册中。

（3）风险登记册。在本过程中识别的新风险记录在风险登记册中，并通过风险管理过程进行管理。

第 10 章

项目资源管理

项目资源管理包括识别、获取和管理所需资源以成功完成项目的各个过程(图 10-1),这些过程有助于确保项目经理和项目团队在正确的时间和地点使用正确的资源。项目资源包括实物资源和团队(人力)资源两个方面。

图 10-1 项目资源管理

团队资源管理相对于实物资源管理,对项目经理提出了不同的能力要求。实物资源包括设备、材料、设施,而团队资源或人员指的是人力资源。项目团队成员可能具备不同的技能,可能是全职或兼职的,可能随项目进展而增加或减少。

项目团队由承担特定角色和职责的个人组成,他们为实现项目目标而共同努力。项目经理因此应在获取、管理、激励和增强项目团队方面投入适当的努力。尽管项目团队成员被分派了特定的角色和职责,但让他们全员参与项目规划和决策仍是有益的。团队成员参与规划阶段,既可使他们对项目规划工作贡献专业技能,又可以增强他们对项目的责任感。

项目经理既是项目团队的领导者,又是项目团队的管理者。作为领导者,项目经理还负责积极培养团队技能和能力,同时提高并保持团队的满意度和积极性。项目经理还应留意并支持职业与道德行为,确保所有团队成员都遵守这些行为。

实物资源管理着眼于以有效和高效的方式,分配和使用成功完成项目所需的实物资源,如材料、设备和用品。不能有效管理和控制资源是项目成功完成的风险来源。例如:

(1) 未能确保关键设备或基础设施按时到位,可能会推迟最终产品的制造。
(2) 订购低质量材料可能会损害产品质量,导致大量召回或返工。

10.1 规划资源管理

规划资源管理是定义如何估算、获取、管理和利用团队以及实物资源的过程(图10-2)。本过程的主要作用是根据项目类型和复杂程度确定适用于项目资源的管理方法和管理程度。

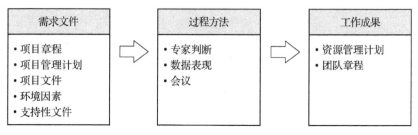

图10-2 规划资源管理

资源规划用于确保项目的成功完成有足够的可用资源。项目资源可能包括团队成员、用品、材料、设备、服务和设施。有效的资源规划需要考虑稀缺资源的可用性和竞争,并编制相应的计划。

这些资源可以从组织内部获得,或者通过采购过程从组织外部获取。其他项目可能在同一时间和地点竞争项目所需的相同资源,从而对项目成本、进度、风险、质量造成显著影响。

10.1.1 规划资源管理:需求文件

10.1.1.1 项目章程

项目章程提供了项目的描述和要求,此外还包括可能影响项目资源管理的关键相关方名单、里程碑,以及预先批准的财务资源。

10.1.1.2 项目管理计划

可用于本过程的项目管理计划组件包括(但不限于):
(1) 质量管理计划。质量管理计划有助于定义项目所需的资源水平,以实现已确立的质量目标。

（2）范围基准。范围基准识别了可交付成果，决定了需要管理的资源的类型和数量。

10.1.1.3 项目文件

可用于本过程的项目文件包括（但不限于）：

（1）项目进度计划。项目进度计划提供了所需资源的时间轴。

（2）需求文件。需求文件指出了项目所需的资源的类型和数量，并可能影响管理资源的方式。

（3）风险登记册。风险登记册包含可能影响资源规划的各种威胁和机会的信息。

10.1.1.4 环境因素

能够影响规划资源管理过程的环境因素包括（但不限于）：

（1）组织文化和结构；

（2）设施和资源的地理分布；

（3）现有资源的能力和可用性；

（4）市场条件。

10.1.1.5 支持性文件

能够影响规划资源管理过程的支持性文件包括（但不限于）：

（1）人力资源政策和程序；

（2）物质资源管理政策和程序；

（3）安全政策；

（4）安保政策；

（5）资源管理计划模板；

（6）类似项目的历史信息。

10.1.2 规划资源管理：过程方法

10.1.2.1 专家判断

应征求具备以下专业知识的个人或小组的意见：

（1）协调组织内部的最佳资源；

(2) 人才管理和员工发展；

(3) 确定为实现项目目标所需的初步投入水平；

(4) 根据经验教训和市场条件，评估获取资源所需的时间和数量；

(5) 识别与资源获取有关的风险；

(6) 遵循适用的政府和工会法规；

(7) 管理卖方工作，确保在需要时能够提供材料和设备。

10.1.2.2 数据表现

数据表现有多种格式来记录和阐明团队成员的角色与职责。大多数格式属于层级型、矩阵型或文本型。无论使用什么方法来记录团队成员的角色，目的都是要确保每个工作包都有明确的责任人，确保全体团队成员都清楚地理解其角色和职责。

(1) 层级型。可以采用传统的组织结构图，自上而下地显示各种职位及其相互关系。

① 工作分解结构（WBS）。WBS用来显示如何把项目可交付成果分解为工作包，有助于明确每项工作的职责。

② 组织分解结构（OBS）。WBS显示项目可交付成果的分解，而OBS则按照组织现有的部门、单元或团队排列，并在每个部门下列出项目活动或工作包。

③ 资源分解结构。资源分解结构是按资源类别和类型，对团队和实物资源的层级列表，用于规划、管理和控制项目工作。每向下一个层次都代表对资源的更详细描述，直到信息细到可以与工作分解结构（WBS）相结合，用来规划和监控项目工作。

(2) 责任分配矩阵。责任分配矩阵展示项目资源在各个工作包中的任务分配。矩阵型图表的一个例子是职责分配矩阵（RAM），它显示了分配给每个工作包的项目资源，用于说明工作包或活动与项目团队成员之间的关系。在大型项目中，可以制定多个层次的RAM。例如，高层次的RAM可定义项目团队、小组或部门负责WBS中的哪部分工作，而低层次的RAM则可在各小组内为具体活动分配角色、职责和职权。矩阵图能反映与每个人相关的所有活动，以及与每项活动相关的所有人员，它也可确保任何一项任务都只有一个人负责，从而避免职权不清。RAM的一个例子是RACI（执行、负责、咨询和知情）矩阵，如表10-1所示。表中最左边的一列表示有待完成的工作（活动）。分配给每项工作的资源可以是个人或小组,项目经理也可根据项目需要,选择"领导"或"资源"等适用词汇,来分配项目责任。如果团队是由内部和外部人员组成,RACI矩阵对明确划分角色和职责特别有用。

表 10-1 RACI 矩阵示例

RACI 矩阵	人员				
活动	张三	李四	王五	赵六	牛七
创建章程	A	R	I	I	I
收集需求	I	A	R	C	C
提交变更请求	I	A	R	R	C
制定测试计划	A	C	I	I	R
备注	R=负责　A=检查　C=咨询　I=通知				

(3) 文本型。如果需要详细描述团队成员的职责,就可以采用文本型。文本型文件通常以概述的形式,提供诸如职责、职权、能力和资格等方面的信息。

10.1.2.3 会议

项目团队可召开会议来规划项目资源管理。

10.1.3 规划资源管理:工作成果

10.1.3.1 资源管理计划

作为项目管理计划的一部分,资源管理计划提供了关于如何分类、分配、管理和使用项目资源的指南。资源管理计划可以根据项目的具体情况分为团队管理计划和实物资源管理计划。资源管理计划可能包括(但不限于):

(1) 识别资源。用于识别和量化项目所需的团队和实物资源的方法。

(2) 获取资源。关于如何获取项目所需的团队和实物资源的指南。

(3) 角色与职责。

① 角色。在项目中,某人承担的职务,如土木工程师、安全员。

② 职权。使用项目资源、做出决策、签字批准、验收可交付成果并影响他人开展项目工作的权力。例如,下列事项都需要由具有明确职权的人来做决策:质量验收标准、如何应对项目偏差等。当个人的职权水平与职责相匹配时,团队成员就能很好地开展工作。

③ 职责。为完成项目活动，项目团队成员必须履行的职责和工作。

④ 能力。为完成项目活动，项目团队成员需具备的技能和才干。一旦发现成员的能力与职责不匹配，就应主动采取措施，如安排培训、招募新成员、调整进度计划或工作范围。

（4）项目组织图。项目组织图以图形方式展示项目团队成员及其报告关系。基于项目的需要，项目组织图可以是详细或概括的。

（5）项目团队资源管理。关于如何定义、配备、管理和最终解散项目团队资源的指南。

（6）培训。针对项目成员的培训策略。

（7）团队建设。建设项目团队的方法。

（8）资源控制。为确保实物资源充足可用，而采用的方法。

（9）奖励计划。将给予团队成员哪些认可和奖励，以及何时给予。

10.1.3.2 团队章程

团队章程是为团队创建团队价值观、共识和工作指南的文件。团队章程可能包括（但不限于）：

（1）团队价值观；

（2）沟通指南；

（3）决策标准和过程；

（4）冲突处理过程；

（5）会议指南。

团队章程对项目团队成员的行为确定了明确的期望，由团队制定或参与制定的团队章程可发挥最佳效果。所有项目团队成员都分担责任，确保遵守团队章程中规定的规则。可定期审查和更新团队章程，确保团队始终了解团队基本规则，并指导新成员融入团队。

10.2 管理资源

管理资源是跟踪资源使用情况及团队成员工作表现，提供反馈，解决问题，并管理资源变更、团队变更，以优化项目绩效的过程（图 10-3）。本过程的主要作用是管理资源、管理冲突以及解决问题。本过程需要在整个项目期间开展。

图 10-3　管理资源

管理资源的首要工作是估算活动资源，即估算执行项目所需的团队资源，以及材料、设备和用品的类型和数量的过程。估算活动资源过程与其他过程紧密相关，例如与估算成本过程。例如建筑项目团队需要熟悉当地建筑法规。这类知识常可从当地卖方获取，但是，如果内部劳动力资源对建筑技术缺乏经验，那么支付额外费用聘请咨询专家，可能就是了解当地建筑法规的最有效的方法。

项目所需资源可能来自项目执行组织的内部或外部。内部资源由职能经理或资源经理负责获取（分配），外部资源则通过采购过程获得。

项目管理团队可能对资源选择没有直接控制权，在获取项目资源时应注意下列事项：

（1）项目经理或项目团队应该进行有效谈判，并影响那些能为项目提供所需团队和实物资源的人员。

（2）不能获得项目所需的资源时，可能会影响项目进度、预算、客户满意度、质量和风险；资源或人员能力不足会降低项目成功的概率，最坏的情况可能导致项目失败。

（3）如因制约因素（如经济因素或其他项目对资源的占用）而无法获得所需团队资源，项目经理或项目团队可在不违反法律、规章、强制性规定或其他具体标准的前提下使用替代资源。

在项目规划阶段，应该对上述因素加以考虑并做出适当安排。项目经理或项目管理团队应该在项目进度计划、项目预算、项目风险计划、项目质量计划、培训计划及其他相关项目管理计划中，说明缺少所需资源的后果。

项目经理应该能够建立、维护、激励、领导和鼓舞项目团队，使团队高效运行，并实现项目目标。团队协作是项目成功的关键因素，而建设高效的项目团队是项目经理的主要职责之一。项目经理应创建一个能促进团队协作的环境，并通过给予挑战与机会、提供及时反馈与所需支持，以及认可与奖励优秀绩效，不断激励团队。

管理项目团队需要借助多方面的管理和领导力技能，来促进团队协作，整合团队成员的工作，从而创建高效团队。进行团队管理，需要综合运用各种技能，特别是沟通、冲突管理、谈判和领导技能。项目经理应该向团队成员分配富有挑战性的任务，并对优秀绩效进行表彰。

项目经理应留意团队成员是否有意愿和能力完成工作，然后相应地调整管理和领导方式。相对那些已展现出能力和有经验的团队成员，技术能力较低的团队成员更需要强化监督。

10.2.1 管理资源：需求文件

10.2.1.1 项目管理计划

可用于本过程的项目管理计划组件包括(但不限于)：

(1) 资源管理计划。资源管理计划定义了识别项目所需不同资源的方法，还定义了量化各个活动所需的资源并为如何获取项目资源提供指南。资源管理计划为项目团队成员提供奖励、增加培训或采取惩罚措施提供了指南。资源管理计划还可能包括团队绩效评价标准。

(2) 范围基准。范围基准识别了实现项目目标所需的项目和产品范围，而范围决定了对团队和实物资源的需求。

(3) 成本基准。成本基准提供了项目活动的总体预算。

10.2.1.2 项目文件

可用于本过程的项目文件包括(但不限于)：

(1) 活动清单。活动清单识别了需要资源的活动。

(2) 假设日志。假设日志可能包含有关生产力因素、可用性、成本估算以及工作方法的信息，这些因素会影响团队和实物资源的性质和数量。

(3) 成本估算。资源成本从数量和技能水平需求方面会影响资源选择。

(4) 风险登记册。风险登记册描述了可能影响资源选择和可用性的各个风险。

(5) 项目进度计划。项目进度计划展示了各项活动及其开始和结束日期，有助于确定需要提供和获取资源的时间。

(6) 经验教训登记册。项目早期与团队建设有关的经验教训可以运用到项目后期阶段，以提高团队绩效。

(7) 问题日志。在管理项目团队过程中，总会出现各种问题。此时，可用问题日志记录由谁负责在目标日期内解决特定问题，并监督解决情况。

(8) 项目团队派工单。项目团队派工单识别了团队成员的角色与职责。

(9) 团队章程。团队章程为团队应如何决策、举行会议和解决冲突提供指南。

10.2.1.3 环境因素

能够影响资源管理的环境因素包括（但不限于）：

(1) 地理位置；

(2) 现有组织资源信息，包括可用性、能力水平，以及有关团队资源和资源成本的以往经验；

(3) 组织文化；

(4) 组织结构；

(5) 有关雇用和解雇的人力资源管理政策、员工绩效审查、员工发展与培训记录，以及认可与奖励；

(6) 市场条件。

10.2.1.4 支持性文件

能够影响资源管理的支持性文件包括（但不限于）：

(1) 关于人员配备的政策和程序；

(2) 关于用品和设备的政策与程序；

(3) 关于以往项目中类似工作所使用的资源类型的历史信息。

10.2.2 管理资源：过程方法

10.2.2.1 专家判断

应征求具备团队和物质资源的规划和估算方面的专业知识的个人或小组的意见。

10.2.2.2 类比估算

类比估算将以往类似项目的资源相关信息作为估算未来项目的基础。这是一种快速估算方法。

10.2.2.3 会议

项目经理可以和职能经理一起举行规划会议,以估算每项活动所需的资源、团队资源的技能水平,以及所需材料的数量。参会者可能包括项目经理、项目发起人、选定的项目团队成员、选定的相关方,以及其他必要人员。

针对项目的实物资源或项目团队的选择,可以召开专门的会议。可使用的选择标准包括:

(1) 可用性。确认资源能否在项目所需时段内为项目所用。

(2) 成本。确认增加资源的成本是否在规定的预算内。

(3) 能力。确认团队成员是否提供了项目所需的能力。

有些选择标准对团队资源来说是独特的,包括:

(1) 经验。确认团队成员具备项目成功所需的相关经验。

(2) 知识。团队成员是否掌握关于客户、执行过的类似项目和项目环境细节的相关知识。

(3) 技能。确认团队成员拥有使用项目工具的相关技能。

(4) 态度。团队成员能否与他人协同工作,以形成有凝聚力的团队。

10.2.2.4 谈判

很多项目需要针对所需资源进行谈判,项目管理团队需要与下列各方谈判:

(1) 职能经理。确保项目在要求的时限内获得最佳资源,直到完成职责。

(2) 其他项目管理团队。合理分配稀缺或特殊资源。

(3) 外部组织和供应商。提供合适的、特殊的、合格的、经认证的其他团队或实物资源。特别需要注意与外部谈判有关的政策、惯例、流程、指南、法律及其他标准。

在资源分配谈判中,项目管理团队影响他人的能力很重要,如同在组织中的政治能力一样重要。例如,说服职能经理,让他(她)看到项目具有良好的前景,会影响他(她)把最佳资源分配给这个项目而不是竞争项目。

10.2.2.5 认可与奖励

在建设项目团队过程中,需要对成员的优良行为给予认可与奖励。最初的奖励计划是在规划资源管理过程中编制的,只有能满足被奖励者的某个重要需求的奖励,才是有效的奖励。当人们感受到自己在组织中的价值,并且可以通过获得奖励来体现这种价值,他们就会受到激励。

通常,金钱是奖励制度中的有形奖励,然而也存在各种同样有效,甚至更加有效的无形奖励。大多数项目团队成员会因得到成长机会、获得成就感而受到激励。

10.2.3 管理资源:工作成果

10.2.3.1 资源需求

资源需求识别了各个工作包或工作包中每个活动所需的资源类型和数量,可以汇总这些需求,以估算每个工作包、每个 WBS 分支以及整个项目所需的资源。

10.2.3.2 估算依据

不论资源估算的详细程度如何,都应该清晰完整地说明资源估算是如何得出的。

资源估算的支持信息可包括:

(1) 估算方法;

(2) 用于估算的资源,如以往类似项目的信息;

(3) 与估算有关的假设条件;

(4) 已知的制约因素;

(5) 估算范围;

(6) 有关影响估算的已识别风险的文件。

10.2.3.3 资源分解结构

资源分解结构是资源依类别和类型的层级展现,如图 10-4 所示。资源类别包括(但不限于)人力、材料、设备等,资源类型则包括技能水平、要求证书、等级水平或适用于项目的其他类型。在规划资源管理过程中,资源分解结构用于指导项目的分类活动。在这一过程中,资源分解结构是一份完整的文件,用于获取和监督资源。

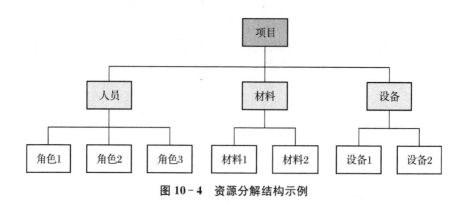

图 10-4　资源分解结构示例

10.2.3.4　实物资源分配单

实物资源分配单记录了项目将使用的材料、设备、用品、地点和其他实物资源。

10.2.3.5　团队绩效评价

随着项目团队建设工作(如培训、团队建设和集中办公等)的开展,项目管理团队应该对项目团队的有效性进行评价。有效的团队建设策略和活动可以提高团队绩效,从而提高实现项目目标的可能性。

评价团队有效性的指标可包括:

(1) 个人技能的改进,从而使成员更有效地完成工作任务;

(2) 团队能力的改进,从而使团队成员更好地开展工作;

(3) 团队成员离职率的降低;

(4) 团队凝聚力的加强,从而使团队成员公开分享信息和经验,并互相帮助来提高项目绩效。

通过对团队整体绩效的评价,项目管理团队能够识别出所需的特殊培训、辅导、协助或改变,以提高团队绩效。项目管理团队也应该识别出所需的资源,以实现在绩效评价过程中提出的改进建议。

10.3　控制资源

控制资源是确保按计划为项目分配实物资源,以及根据资源使用计划监督资源实际使用情况,并采取必要纠正措施的过程(图 10-5)。本过程的主要作用是确保所分配的资源适时适地可用于项目,且在不再需要时被释放。本过程需要在整个项目期间开展。

图 10-5 控制资源

应在所有项目阶段和整个项目生命周期期间持续开展控制资源过程,且适时、适地和适量地分配和释放资源,使项目能够持续进行。控制资源过程关注实物资源,例如设备、材料、设施和基础设施。管理团队过程关注团队成员。

10.3.1 控制资源:需求文件

10.3.1.1 项目管理计划

项目管理计划组件包括(但不限于)资源管理计划。资源管理计划为如何使用、控制和最终释放实物资源提供指南。

10.3.1.2 项目文件

可用于本过程的项目文件包括(但不限于):

(1) 问题日志。问题日志用于识别有关缺乏资源、原材料供应延迟,或低质量原材料等问题。

(2) 经验教训登记册。在项目早期获得的经验教训可以运用到后期阶段,以改进实物资源控制。

(3) 实物资源分配。实物资源分配描述了资源的预期使用情况以及资源的详细信息,例如类型、数量、地点以及属于组织内部资源还是外购资源。

(4) 项目进度计划。项目进度计划展示了项目在何时何地需要哪些资源。

(5) 资源分解结构。资源分解结构为项目过程中需要替换或重新获取资源的情况提供了参考。

(6) 资源需求。资源需求识别了项目所需的材料、设备、用品和其他资源。

(7) 风险登记册。风险登记册识别了可能会影响设备、材料或用品的风险。

10.3.1.3 支持性文件

能够影响控制资源过程的支持性文件包括(但不限于)：

(1) 有关资源控制和分配的政策；

(2) 组织内用于解决问题的流程；

(3) 经验教训知识库，其中包含以往类似项目的信息。

10.3.2 控制资源：过程方法

10.3.2.1 数据分析

适用于本过程的数据分析方法包括(但不限于)：

(1) 备选方案分析。备选方案分析有助于选择最佳解决方案以纠正资源使用偏差，可以将加班和增加团队资源等备选方案与延期交付或阶段性交付相比较，以权衡利弊。

(2) 成本效益分析。成本效益分析有助于在项目成本出现差异时确定最佳的纠正措施。

(3) 趋势分析。在项目进展过程中，项目团队可能会使用趋势分析，基于当前绩效信息来确定未来项目阶段所需的资源。趋势分析检查项目绩效随时间的变化情况，可用于确定绩效是在改善还是在恶化。

10.3.2.2 问题解决

问题可能来自组织内部(组织中另一部门使用的机器或基础设施未及时释放，因存储条件不当造成材料受损等)或来自组织外部(主要供应商破产或恶劣天气使资源受损)。项目经理应采取有条不紊的步骤来解决问题，包括：

(1) 识别问题。明确问题。

(2) 定义问题。将问题分解为可管理的小问题。

(3) 调查。收集数据。

(4) 分析。找出问题的根本原因。

(5) 解决。从众多解决方案中选择最合适的一个。

(6) 检查解决方案。确认是否已解决问题。

10.3.2.3 团队技能

团队技能有时被称为"软技能",属于个人能力。团队技能包括:

(1)谈判。项目经理可能需要就增加实物资源、变更实物资源或资源相关成本进行谈判。

(2)影响力。影响力有助于项目经理及时解决问题并获得所需资源。

10.3.3 控制资源:工作成果

10.3.3.1 工作绩效信息

工作绩效信息包括项目工作进展信息,这一信息将资源需求和资源分配与项目活动期间的资源使用相比较,从而发现需要处理的资源可用性方面的问题。

10.3.3.2 项目管理计划更新

可能需要更新的项目管理计划组成部分包括(但不限于):

(1)资源管理计划。资源管理计划根据实际的项目资源管理经验更新。

(2)进度基准。可能需要更新项目进度,以反映管理项目资源的方式。

(3)成本基准。可能需要更新项目成本基准,以反映管理项目资源的方式。

10.3.3.3 项目文件更新

可在本过程更新的项目文件包括(但不限于):

(1)假设日志。把关于设备、材料、用品和其他实物资源的新假设条件更新在假设日志中。

(2)问题日志。在本过程中出现的新问题可以记录到问题日志中。

(3)经验教训登记册。在经验教训登记册中更新有效管理资源物流、废料、使用偏差,以及应对资源偏差的纠正措施的技术。

(4)实物资源分配单。实物资源分配单是动态的,会因可用性、项目、组织、环境或其他因素而发生变更。

(5)资源分解结构。可能需要更新资源分解结构,以反映使用项目资源的方式。

(6)风险登记册。将关于资源可用性、利用或其他实物资源的风险更新在风险登记册中。

第 11 章

项目沟通管理

有效沟通是在人、思想和信息之间建立连接,是进行项目管理的纽带,是项目成功的关键因素。项目沟通管理包括为了确保项目信息及时且适当的产生、收集、传播、保存和最终处置所必需的过程(图 11-1)。项目沟通管理由两个部分组成:第一部分是制定策略,确保沟通对相关方行之有效;第二部分是执行必要活动,以落实沟通策略。

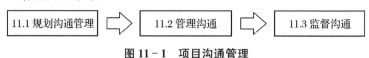

图 11-1 项目沟通管理

项目经理的大多数时间用于与团队成员和其他项目相关方沟通,包括来自组织内部(组织的各个层级)和组织外部的人员。不同相关方可能有不同的文化和组织背景,以及不同的专业水平、观点和兴趣,而有效的沟通能够在他们之间架起一座桥梁。

沟通活动可按多种维度进行分类,包括(但不限于):

(1) 内部。针对项目内部或组织内部的相关方。

(2) 外部。针对外部相关方,如客户、供应商、其他项目、组织、政府、公众。

(3) 正式。报告、正式会议(定期及临时)、简报。

(4) 非正式。采用电子邮件、社交媒体、网站,以及非正式讨论。

(5) 官方沟通。年报,呈交监管机构或政府部门的报告。

(6) 非官方沟通。采用灵活(往往为非正式)的手段,建立和维护项目团队及其相关方对项目情况的了解和认可,并在他们之间建立强有力的关系。

11.1 规划沟通管理

规划沟通管理是基于每个相关方的信息需求以及具体项目的需求,为项目沟通活动制定恰当的方法和计划的过程(图 11-2)。本过程的主要作用是为及时向相关方提供相关信息,引导相关方有效参与项目,而编制书面沟通计划。

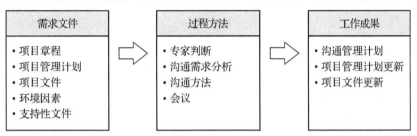

图 11-2 规划沟通管理

需在项目生命周期的早期,针对项目相关方不同的信息需求,制订有效的沟通管理计划。在大多数项目中,都需要很早就开展沟通规划工作,例如在识别相关方及制订项目管理计划期间。

虽然所有项目都需要进行信息沟通,但是各项目的信息需求和信息发布方式可能差别很大。应该在整个项目期间定期对沟通管理计划进行必要的修改,例如在相关方发生变化或每个新项目阶段开始时,以确保其持续适用。

11.1.1 规划沟通管理:需求文件

11.1.1.1 项目章程

项目章程会列出主要相关方清单,其中可能还包含与相关方角色及职责有关的信息。

11.1.1.2 项目管理计划

项目管理计划组件包括(但不限于):

(1)资源管理计划。指导如何对项目资源进行分类、分配、管理和释放。团队成员可能有沟通要求,应该在沟通管理计划中列出。

(2)相关方参与计划。相关方参与计划确定了与相关方进行沟通和协作以满足其需求与期望、处理问题,并促进相关方合理参与的过程。本过程的主要作用是,让项目经理提高相关方的支持,并尽可能降低相关方的抵制。

11.1.1.3 项目文件

可用于本过程的项目文件包括(但不限于):

(1) 需求文件。需求文件可能包含项目相关方对沟通的需求。

(2) 相关方登记册。相关方登记册用于规划与相关方的沟通活动。

11.1.1.4 环境因素

能够影响规划沟通管理过程的环境因素包括(但不限于):

(1) 组织文化、政治氛围和治理框架;

(2) 人事管理政策;

(3) 相关方风险临界值;

(4) 已确立的沟通渠道、方法和程序;

(5) 项目所在地的习俗;

(6) 设施和资源的地理分布。

11.1.1.5 支持性文件

能够影响规划沟通管理过程的支持性文件包括(但不限于):

(1) 组织的社交方式、安全政策及程序;

(2) 组织的风险、变更管理政策及程序;

(3) 组织对沟通的要求或标准化指南;

(4) 历史信息和经验教训知识库;

(5) 以往项目的相关方及沟通数据和信息。

11.1.2 规划沟通管理:过程方法

11.1.2.1 专家判断

应征求具备以下专业知识的个人或小组的意见:

(1) 组织的管理结构及授权体系;

(2) 组织的文化;

(3) 项目可交付成果所属的行业或类型;

(4) 组织沟通政策与程序;

(5) 与安全有关的组织政策与程序。

11.1.2.2 沟通需求分析

分析沟通需求,确定项目相关方的信息需求,包括所需信息的类型和格式,以及信息对相关方的价值。

常用于识别和确定项目沟通需求的信息包括(但不限于):

(1) 相关方登记册及相关方参与计划中的相关信息和沟通需求;

(2) 组织结构图;

(3) 项目组织与相关方的职责、关系及相互依赖关系;

(4) 项目开发策略;

(5) 有多少人在什么地点参与项目;

(6) 内部信息需要(例如何时在组织内部沟通);

(7) 外部信息需要(例如何时与媒体、公众或承包商沟通);

(8) 法律要求。

11.1.2.3 沟通方法

用于在项目相关方之间传递信息的方法有很多。信息沟通的常见方法包括对话、会议、书面文件、数据库、社交媒体和网站。

可能影响沟通方法选择的因素包括:

(1) 信息需求的紧迫性。信息传递的紧迫性、频率和形式可能因项目而异,也可能因项目阶段而异。

(2) 技术的可用性与可靠性。用于发布项目信息的技术,应该在整个项目期间都具备兼容性和可得性,且对所有相关方都可用。

(3) 易用性。沟通技术的选择应适合项目参与者,而且应在合适的时候安排适当的培训活动。

(4) 信息的敏感性和保密性。需要考虑以下两方面:

① 拟传递的信息是否属于敏感或机密信息?如果是,可能需要采取合理的安全措施。

② 为员工制定社交媒体政策,以确保行为适当、信息安全和知识产权保护。

11.1.2.4 会议

项目会议可包括虚拟(网络)或面对面会议,包括电子邮件信息和网络共享信息。在规划沟通管理过程中,需要与项目团队展开讨论,确定最合适的项目信息更新和传递方式,以满足相关方的信息需求。

11.1.3　规划沟通管理：工作成果

11.1.3.1　沟通管理计划

沟通管理计划是项目管理计划的组成部分，描述将如何规划、执行与监督项目沟通，以提高沟通的有效性。该计划包括如下信息：

(1) 相关方的沟通需求；

(2) 需沟通的信息，包括语言、形式、内容和详细程度；

(3) 上报步骤；

(4) 发布信息的原因；

(5) 负责沟通相关信息的人员；

(6) 负责授权保密信息发布的人员；

(7) 接收信息的人员或群体，包括他们的需求和期望；

(8) 用于传递信息的方法或技术，如备忘录、电子邮件、新闻稿，或社交媒体；

(9) 为沟通活动分配的资源，包括时间和预算；

(10) 随着项目的进展，如项目不同阶段相关方的变化，而更新与优化沟通管理计划的方法；

(11) 项目信息工作流程(可能包含审批程序)、报告和会议计划等；

(12) 来自法律法规、技术、组织政策等的制约因素。

沟通管理计划中还包括关于项目进展会议、项目团队会议、网络会议和电子邮件等的指南和模板。如果项目要使用项目网站和项目管理软件，那就要把它们写进沟通管理计划。

11.1.3.2　项目管理计划更新

可能需要更新的项目管理计划组件包括(但不限于)相关方参与计划，反映相关方参与项目决策和执行的任何过程、程序等内容。

11.1.3.3　项目文件更新

可在本过程更新的项目文件包括(但不限于)：

(1) 项目进度计划。可能需要更新项目进度计划，以反映沟通活动。

(2) 相关方登记册。可能需要更新相关方登记册，以反映计划好的沟通。

11.2 管理沟通

管理沟通是确保项目信息及时且恰当地收集、生成、发布、存储、检索、管理、监督和最终处置的过程(图11-3)。本过程的主要作用是促成项目团队与相关方之间的有效信息流动。本过程需要在整个项目期间开展。

在项目管理中,如果说项目计划是整个项目管理活动的基石,那么沟通则是项目运行的加速剂。沟通贯穿项目的全生命周期,影响项目的进度和质量。沟通管理是项目管理的重要组成部分,也是项目经理必须要具备的能力。

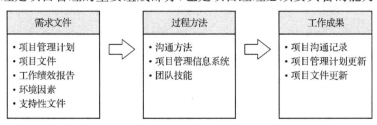

图11-3 管理沟通

做好沟通管理,项目经理可以更加了解项目和项目成员,做出准确、及时的决策;同时,良好的沟通和交流还能够有效提高团队凝聚力、提高项目成员的工作积极性,从而提高工作效率和质量,帮助项目成功交付。而如果项目团队内的沟通管理没有做好,则可能出现信息传递不及时、进度延误、项目成员之间矛盾重重等隐患,从而影响项目的正常运转。

11.2.1 管理沟通:需求文件

11.2.1.1 项目管理计划

可用于本过程的项目管理计划组件包括(但不限于):

(1) 资源管理计划。资源管理计划描述为管理团队或物质资源所需开展的沟通。

(2) 沟通管理计划。沟通管理计划描述将如何对项目沟通进行规划、执行和监控。

(3) 相关方参与计划。相关方参与计划描述如何用适当的沟通策略引导相关方参与项目。

11.2.1.2 项目文件

可用于本过程的项目文件包括(但不限于):

(1) 变更日志。变更日志用于向受影响的相关方传达变更,以及变更请求的批准、推迟和否决情况。

(2) 问题日志。将与问题有关的信息传达给受影响的相关方。

(3) 经验教训登记册。项目早期获取的与管理沟通有关的经验教训,可用于项目后期阶段改进沟通过程,提高沟通效率与效果。

(4) 质量报告。质量报告包括与质量问题、项目和产品改进,以及过程改进相关的信息。这些信息应交给能够采取纠正措施的人员,以便达成项目的质量目标。

(5) 风险报告。风险报告提供关于整体项目风险的来源的信息,以及关于已识别的项目风险的信息。这些信息应传达给风险责任人及其他受影响的相关方。

(6) 相关方登记册。相关方登记册确定了需要各类信息的人员或组织。

11.2.1.3 工作绩效报告

根据沟通管理计划的定义,工作绩效报告会通过本过程传递给项目相关方。工作绩效报告的典型示例包括状态报告和进展报告。工作绩效报告可以包含挣值图表和信息、趋势线和预测、合同绩效信息以及风险概述信息。

11.2.1.4 环境因素

会影响本过程的环境因素包括(但不限于):

(1) 组织文化、治理框架;

(2) 人事管理政策;

(3) 相关方风险临界值。

11.2.1.5 支持性文件

会影响本过程的支持性文件包括(但不限于):

(1) 企业的社交媒体、道德和安全政策及程序;

(2) 企业的问题、风险、信息管理政策及程序;

(3) 组织对沟通的要求;

(4) 制作、交换、储存和检索信息的标准化指南;

(5) 以往项目的历史信息,包括经验教训知识库。

11.2.2 管理沟通:过程方法

11.2.2.1 沟通方法

会影响沟通方法选用的因素包括:团队是否集中办公,需要分享的信息是否需要保密,团队成员的可用资源,以及组织文化。

沟通方法的选择应具有灵活性,以应对相关方的成员变化或成员的需求变化。

11.2.2.2 项目管理信息系统(PMIS)

项目管理信息系统能够确保相关方及时便利地获取所需信息。用来管理和发布项目信息的工具很多,包括:

(1)电子项目管理工具。包括项目管理软件、会议和虚拟办公支持软件、网络界面、专门的项目门户网站等。

(2)电子沟通管理。包括电子邮件、传真和语音邮件,音频、视频和网络会议,以及网站和网络发布。

(3)社交媒体管理。包括网站和网络发布,以及为促进相关方参与而建立的应用程序。

11.2.2.3 团队技能

适用于本过程的团队技能包括(但不限于):

(1)积极倾听。积极倾听包括告知已收到、确认的信息和对其的理解。

(2)冲突管理。冲突使项目陷入一种不确定的境地,以至于不得不选取一种解决冲突的方法。依据具体情况,下述这些方法被证明是有效的:

① 正视(或协作)。这种解决问题的方法是,冲突的各方进行面对面地会晤,尽力合作解决争端。此方法应当侧重于解决问题,而不是争斗。这一方法采用的是协作与协同,因为各方都需要获得成功。这一方法应当用于以下情况:

A. 当你和冲突方至少都能得到所需要的,甚至能得到更多时;

B. 降低成本时;

C. 当技术较为复杂时;

D. 当时间足够时;

E. 当你相信他人的能力时。

② 妥协。妥协是为了寻求一种解决方案,使得各方在离开的时候能够得到一定程度的满足。妥协常常是正视的最终结果。妥协的方法应当用于以下情况:

A. 当冲突各方都希望成为赢家的时候；

B. 当你无法取胜的时候；

C. 当其他人的力量与你相当的时候；

D. 为了保持与竞争对手的联系；

E. 当你对自己是否正确没有把握的时候；

F. 当利害关系一般的时候。

③ 缓和（或和解）。这种方法是指努力排除冲突中的不良情绪，它的实现要通过强调意见一致的方面，淡化意见不同的方面。缓和的方法应当用于以下情况：

A. 为了达到一个全局目标；

B. 为以后的长期交易先做出让步；

C. 当利害关系不明显的时候；

D. 为了保持融洽；

E. 为了赢得时间。

④ 强制（或对抗）。这种方法是指一方竭力将自己的方案强加于另一方。冲突得越厉害，就越容易采取强制的方式，其结果就是一种"赢—输"的局面，一方的获胜以另一方的失败为代价。强制的方法应当用于以下情况：

A. 当你是正确的时候；

B. 正处于一种生死存亡的局面；

C. 当利害关系很明显的时候；

D. 当基本原则受到威胁的时候。

⑤ 退出（或规避）。退出常常被当作一种临时解决问题的方法。退出的方法应当用于以下情况：

A. 当你无法获胜的时候；

B. 当利害关系不明显的时候；

C. 当利害关系很明显，但你尚未做好准备的时候；

D. 为了赢得时间；

E. 为了保持中立或者保持名声；

F. 当你认为问题会自行解决的时候。

(3) 会议管理。采取步骤确保会议高效地达到预期目标。规划会议时应采取以下步骤：

① 准备并发布会议议程（其中包含会议目标）；

② 确保会议在规定的时间开始和结束；

③ 确保适当的参与者受邀并出席；

④ 处理会议中的问题和冲突；

⑤ 记录所有会议内容。

（4）人际交往。人际交往是通过与他人互动交流信息，建立联系。人际交往有利于项目经理及其团队通过非正式方法解决问题，影响相关方的行动，以及提高相关方对项目工作和成果的支持，从而改善绩效。

11.2.3 管理沟通：工作成果

11.2.3.1 项目沟通记录

项目沟通记录可包括（但不限于）：绩效报告、可交付成果的状态、进度状态、产生的成本，以及相关方需要的其他信息。

11.2.3.2 项目管理计划更新

可在本过程更新的项目管理计划包括（但不限于）：

（1）沟通管理计划。如果本过程导致了项目沟通方法发生变更，就要把这种变更反映在项目沟通计划中。

（2）相关方参与计划。本过程将导致相关方的沟通需求以及商定的沟通策略的更新。

11.2.3.3 项目文件更新

可在本过程更新的项目文件包括（但不限于）：

（1）问题日志。更新问题日志，反映项目的沟通问题，或如何通过沟通来解决实际问题。

（2）经验教训登记册。更新经验教训登记册，记录在项目中遇到的挑战、本可采取的规避方法，以及适用于管理沟通的方法。

（3）项目进度计划。更新项目进度计划，以反映沟通活动的状态。

（4）风险登记册。更新风险登记册，记录与管理沟通相关的风险。

（5）相关方登记册。更新相关方登记册，记录关于项目相关方沟通活动的信息。

11.3 监督沟通

监督沟通是确保满足项目及其相关方的信息需求的过程(图 11 - 4)。本过程的主要作用是按沟通管理计划和相关方参与计划的要求优化信息传递流程。本过程需要在整个项目期间开展。

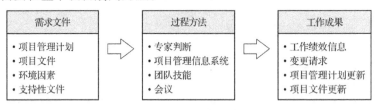

图 11 - 4 监督沟通

通过监督沟通过程,来确定规划的沟通活动是否如预期提高或保持了相关方对项目可交付成果与预计结果的支持力度,并确保在正确的时间,通过正确的渠道,将正确的内容(发送方和接收方对其理解一致)传递给正确的受众。监督沟通可能需要采取各种方法,例如开展客户满意度调查、整理经验教训、开展团队座谈、审查问题日志中的数据等。

11.3.1 监督沟通:需求文件

11.3.1.1 项目管理计划

可用于本过程的项目管理计划组件包括(但不限于):

(1)资源管理计划。通过描述角色和职责,以及项目组织结构图,理解实际的项目组织及其任何变更。

(2)沟通管理计划。沟通管理计划是关于及时收集、生成和发布信息的现行计划,它确定了沟通过程中的团队成员、相关方和有关工作。

(3)相关方参与计划。相关方参与计划确定了计划用以引导相关方参与的沟通策略。

11.3.1.2 项目文件

可用于本过程的项目文件包括(但不限于):

(1)问题日志。问题日志提供项目的历史信息、相关方参与问题的记录,以及它们如何得以解决。

（2）经验教训登记册。在项目早期获取的经验教训可用于项目后期阶段，以改进沟通效果。

（3）项目沟通记录。提供关于已开展的沟通的信息。

11.3.1.3　环境因素

能够影响监督沟通过程的环境因素包括（但不限于）：

（1）组织文化、治理框架；

（2）已确立的沟通渠道、方法和程序；

（3）当地的习俗。

11.3.1.4　支持性文件

可能影响监督沟通过程的支持性文件包括（但不限于）：

（1）企业的社交媒体、道德和安全政策及程序；

（2）组织对沟通的要求；

（3）制作、交换、储存和检索信息的标准化指南；

（4）以往项目的历史信息和经验教训知识库；

（5）以往项目的相关方及沟通数据和信息。

11.3.2　监督沟通：过程方法

11.3.2.1　专家判断

个人或小组应按下述原则对沟通过程提出意见：

（1）清楚。说明主题，围绕主题，帮助接收者理解信息，恰当地使用术语。

（2）简洁。抓住重点，不让信息漫无边际。

（3）礼貌。讲礼貌，注意语调。

（4）一贯。使用恰当的语调和媒介传递想要传递的信息，所有信息要素都应传达一样的信息。

11.3.2.2　项目管理信息系统（PMIS）

项目管理信息系统为项目经理提供一系列标准化工具，用以根据沟通计划为内部和外部的相关方收集、储存与发布所需的信息。应监控该系统中的信息以评估其有效性和效果。

11.3.2.3 团队技能

适用于本过程的团队技能包括(但不限于)观察和交谈。与项目团队展开讨论和对话,有助于确定最合适的方法,用于更新和沟通项目绩效,以及回应相关方的信息请求。通过观察和交谈,项目经理能够发现团队内的问题、人员间的冲突,或个人绩效问题。

11.3.2.4 会议

面对面或虚拟会议适用于制定决策,回应相关方请求,与项目相关方讨论等。

11.3.3 监督沟通:工作成果

11.3.3.1 工作绩效信息

工作绩效信息包括与计划相比较的沟通的实际开展情况。它也包括对沟通的反馈,例如关于沟通效果的调查结果。

11.3.3.2 变更请求

监督沟通过程往往会导致需要对沟通管理计划所定义的沟通活动进行调整、采取行动和进行干预。此类变更请求可能导致:

(1) 修正相关方的沟通要求,包括相关方对信息发布、内容或形式,以及发布方式的要求。

(2) 建立消除沟通障碍的新程序。

11.3.3.3 项目管理计划更新

可能需要更新的项目管理计划组件包括(但不限于):

(1) 沟通管理计划。需要更新沟通管理计划,记录能够让沟通更有效的新信息。

(2) 相关方参与计划。需要更新相关方参与计划,反映相关方的实际情况、沟通需求和重要性。

11.3.3.4 项目文件更新

可在本过程更新的项目文件包括(但不限于):

(1) 问题日志。可能需要更新问题日志,记录与问题及其处理进展和解决办法相关的新信息。

(2) 经验教训登记册。可能需要更新经验教训登记册,记录问题的原因、所选纠正措施的理由,以及其他与沟通有关的经验教训。

(3) 相关方登记册。可能需要更新相关方登记册,加入修订的相关方沟通要求。

第 12 章

项目风险管理

项目风险管理包括规划风险管理、识别风险、实施风险应对的各个过程（图 12-1）。项目风险管理的目标在于提高正面风险的概率和(或)影响，降低负面风险的概率和(或)影响，从而提高项目成功的可能性。

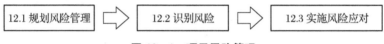

图 12-1　项目风险管理

项目是为完成某一独特的产品或服务所做的一次性努力。项目的最终交付成果在项目开始时只是一个书面的规划，无论是项目的范围、时间还是费用都无法完全确定。同时，项目创造产品或服务是一个渐近明细的过程，这就意味着项目开始时有很多的不确定性，这种不确定性就是项目的风险所在。

风险存在于任何项目中，并往往会给项目的推进和项目的成功带来负面影响。项目风险管理旨在识别和管理未被其他项目管理过程中所管理的风险，如果不妥善管理，这些风险有可能导致项目偏离计划，无法达成既定的项目目标。因此，关注项目风险，掌握风险管理的知识与技能，从项目组织、职责、流程与制度上建立一套风险管理机制是确保项目成功的前提与保障。

12.1　规划风险管理

规划风险管理是定义如何实施项目风险管理活动的过程（图 12-2）。本过程的主要作用是确保风险管理的过程、方法与项目风险程度,以及项目对组织的重要程度相匹配。

图 12-2　规划风险管理

规划风险管理过程在项目构思阶段就应开始,并在项目早期完成。在项目生命周期的后期,可能有必要重新开展本过程。例如,在发生重大阶段变更时,在项目范围显著变化时。

12.1.1　规划风险管理:需求文件

12.1.1.1　项目章程

项目章程记录了项目描述、边界、需求和风险。

12.1.1.2　项目管理计划

在规划项目风险管理时,应该考虑所有已批准的子管理计划,使风险管理计划与之相协调;同时,其他项目管理计划组件中所列出的方法论可能也会影响规划风险管理过程。

可用于本过程的项目管理计划组件包括(但不限于):

(1) 资源管理计划。资源管理计划有助于确定该如何协调用于风险应对的资源。

(2) 风险管理计划。本过程会用到其中的风险管理角色和职责,以及风险临界值。

(3) 成本基准。成本基准包含了拟用于风险应对的应急资金的信息。

12.1.1.3　项目文件

可用于本过程的项目文件包括(但不限于):

(1) 经验教训登记册。查看关于项目早期的风险应对的经验教训,确定类似的应对是否适用于项目后期。

（2）项目进度计划。进度计划可用于确定如何同时规划风险应对活动和其他项目活动。

（3）资源日历。资源日历确定了潜在的资源何时可用于风险应对。

（4）风险登记册。风险登记册包含了已识别的若干项目风险的详细信息。每项风险的优先级有助于选择适当的风险应对措施。例如，针对高优先级的威胁或机会，可能需要采取优先措施和积极主动的应对策略；而针对低优先级的威胁和机会，可能只需要把它们列入风险登记册的观察清单部分，或者只需要为之增加应急储备，而不必采取主动的管理措施。

（5）相关方登记册。相关方登记册列出了风险应对的潜在责任人。

12.1.1.4　环境因素

会影响规划风险管理过程的环境因素包括(但不限于)由组织或关键相关方设定的整体风险临界值。

12.1.1.5　支持性文件

会影响规划风险管理过程的支持性文件包括(但不限于)：

（1）组织的风险政策；

（2）风险类别，可能用风险分解结构来表示；

（3）风险概念和术语的通用定义；

（4）风险管理计划、风险登记册和风险报告的模板；

（5）角色与职责；

（6）决策所需的职权级别；

（7）经验教训知识库，其中包含以往类似项目的信息。

12.1.2　规划风险管理：过程方法

12.1.2.1　专家判断

应考虑具备以下专业知识的个人或小组的意见：

（1）熟悉组织所采取的管理风险的方法，及企业风险管理体系；

（2）提出风险管理建议以适应项目的具体需求；

（3）在相同领域的项目上可能遇到的风险类型；

（4）威胁应对策略；

（5）机会应对策略；

（6）应急应对策略；

（7）整体项目风险应对策略。

12.1.2.2 威胁应对策略

针对威胁，可以考虑下列五种备选策略：

（1）上报。如果项目团队或项目发起人认为某威胁不在项目范围内，或提出的应对措施超出了项目经理的权限，就应该采用上报策略。

（2）规避。风险规避是指项目团队采取行动来消除威胁，或保护项目免受威胁的影响。它可能适用于发生概率较高，且具有严重负面影响的高优先级威胁。规避策略可能涉及变更项目管理计划的某些方面，或改变会受负面影响的目标，以便于彻底消除威胁，将它的发生概率降低到零。

（3）转移。转移涉及将应对威胁的责任转移给第三方，让第三方管理风险并承担威胁发生的影响。采用转移策略，通常需要向承担威胁的一方支付风险转移费用。风险转移可能需要通过一系列行动才得以实现，包括（但不限于）购买保险、使用履约保函、使用担保书、使用保证书等。也可以通过签订协议，把具体风险的归属和责任转移给第三方。

（4）减轻。风险减轻是指采取措施来降低威胁发生的概率和（或）影响。提前采取减轻措施通常比威胁出现后尝试进行弥补更加有效。

（5）接受。风险接受是指承认威胁的存在，但不主动采取措施。此策略可用于低优先级威胁，也可用于无法以任何其他方式加以有效地应对的威胁。接受策略又分为主动或被动方式。最常见的主动接受策略是建立应急储备，包括预留时间、资金或资源以应对出现的威胁；被动接受策略则不会主动采取行动，而只是定期对威胁进行审查，确保其并未发生重大改变。

12.1.2.3 应急应对策略

可以设计一些仅在特定事件发生时才采用的应对措施。对于某些风险，如果项目团队相信其发生会有充分的预警信号，那么就应该制订仅在某些预定条件出现时才执行的应对计划。

12.1.2.4 数据分析

可以考虑多种备选风险应对策略。可用于选择首选风险应对策略的数据分析方法包括（但不限于）：

（1）备选方案分析。对备选风险应对方案的特征和要求进行简单比较，进而确定哪个应对方案最为适用。

（2）成本收益分析。如果能够把单个项目风险的影响进行货币量化，那么就可以通过成本收益分析来确定备选风险应对策略的成本有效性。把应对策略将导致的风险影响级别降低除以策略的实施成本所得到的比率，就代表了应对策略的成本有效性。比率越高，有效性就越高。

12.1.2.5 会议

风险管理计划的编制可以是项目开工会议上的一项工作，或者可以举办专门的会议来编制风险管理计划。参会者可能包括项目经理、项目团队成员、关键相关方；如果需要，也可邀请其他外部人员参加，包括客户、监管机构。

12.1.3 规划风险管理：工作成果

12.1.3.1 风险管理计划

风险管理计划是项目管理计划的组成部分，描述如何安排与实施风险管理活动。风险管理计划可包括以下部分或全部内容：

（1）风险管理战略。描述用于管理本项目的风险的一般方法。

（2）方法论。确定用于开展本项目的风险管理的具体方法、工具及数据来源。

（3）角色与职责。确定每项风险管理活动的领导者、支持者和团队成员，并明确他们的职责。

（4）资金。确定开展项目风险管理活动所需的资金，并制定应急储备的使用方案。

（5）时间安排。确定在项目生命周期中实施项目风险管理过程的时间和频率，确定风险管理活动并将其纳入项目进度计划。

（6）风险类别。确定对单个项目风险进行分类的方式。通常借助风险分解结构（RBS）来构建风险类别。风险分解结构是潜在风险来源的层级展现，示例见表12-1。风险分解结构有助于项目团队考虑单个项目风险的全部可能来源，对识别风险或归类特别有用。组织可能有适用于所有项目的通用风险分解结构，也可能针对不同类型项目使用几种不同的风险分解结构框架，或者允许项目量身定制专用的风险分解结构。

表 12-1　风险分解结构(RBS)示例

RBS 0 级	RBS 1 级	RBS 2 级
项目风险所有来源	1. 技术风险	1.1　范围定义
		1.2　需求定义
		1.3　估算、假设和制约因素
		1.4　技术方案
		1.5　技术实施过程
	2. 管理风险	2.1　项目管理
		2.2　组织决策机制
		2.3　运营管理
		2.4　资源提供
		2.5　沟通
	3. 商业风险	3.1　合同条款和条件
		3.2　采购政策
		3.3　供应商与卖方
		3.4　分包合同
		3.5　合伙企业与合资企业
	4. 外部风险	4.1　法律
		4.2　汇率
		4.3　地点(设施)
		4.4　环境(天气)
		4.5　竞争
		4.6　监管

（7）相关方风险偏好。应在风险管理计划中记录项目关键相关方的风险偏好。他们的风险偏好会影响规划风险管理过程的细节。特别应针对每个项目目标，把相关方的风险偏好表述成可测量的风险临界值。

（8）风险概率和影响定义。根据具体的项目环境、组织和关键相关方的风险偏好和临界值，来制定风险概率和影响定义。项目可能自行制定关于概率和影响级别的具体定义，或者用组织提供的通用定义作为出发点。应该根据拟开展项目风险管理过程的详细程度，来确定概率和影响级别的数量，即更多级别

(通常为五级)对应于更详细的风险管理方法,更少级别(通常为三级)对应于更简单的方法。表12-2针对三个项目目标提供了概率和影响定义的示例。通过将影响定义为负面威胁(工期延误、成本增加和绩效不佳)和正面机会(工期缩短、成本节约和绩效改善),表格所示的级别可同时用于评估威胁和机会。

表12-2 概率和影响定义示例

级别	概率	+/- 对项目目标的影响		
		时间	成本	质量
很高	>70%	>6个月	>500万	对整体功能影响非常重大
高	51%~70%	3~6个月	100万~500万	对整体功能影响重大
中	31%~50%	1~3个月	50万~100万	对关键功能领域有一些影响
低	11%~30%	1~4周	10万~50万	对整体功能有微小影响
很低	1%~10%	1周	<10万	对辅助功能有微小影响
零	<1%	不变	不变	功能不变

(9)报告格式。确定将如何记录、分析和沟通项目风险管理过程的结果。在这一部分,描述风险登记册、风险报告以及项目风险管理过程的其他内容和格式。

12.1.3.2 项目管理计划更新

可能需要更新的项目管理计划组件包括(但不限于):

(1)进度管理计划。对进度管理计划的变更包括:资源平衡变更或进度策略更新等。

(2)成本管理计划。对成本管理计划的变更包括:预算策略和应急储备使用方法更新等。

(3)质量管理计划。对质量管理计划的变更包括:质量管理方法,或质量控制过程的变更等。

(4)资源管理计划。对资源管理计划的变更包括:资源配置变更,以及资源策略更新等。

(5)采购管理计划。对采购管理计划的变更包括:自制或外购决策或合同类型的更改等。

(6)范围基准。如果商定的风险应对策略导致了范围变更,且这种变更已经获得批准，那么就要对范围基准做出相应的更新。

（7）进度基准。如果商定的风险应对策略导致了进度估算变更，且这种变更已经获得批准，那么就要对进度基准做出相应的更新。

（8）成本基准。如果商定的风险应对策略导致了成本估算变更，且这种变更已经获得批准，那么就要对成本基准做出相应的更新。

12.1.3.3 项目文件更新

可在本过程更新的项目文件包括（但不限于）：

（1）假设日志。在规划风险应对过程中，可能做出新的假设，识别出新的制约因素，或者现有的假设条件或制约因素可能被重新审查和修改。应该更新假设日志，记录这些新信息。

（2）成本预测。成本预测可能因规划的风险应对策略而发生变更。

（3）经验教训登记册。更新经验教训登记册，记录适用于项目的未来阶段或未来项目的风险应对信息。

（4）项目进度计划。可以把执行的风险应对活动添加到项目进度计划中。

（5）风险登记册。需要更新风险登记册，记录选定的风险应对措施。风险登记册的更新可能包括（但不限于）：

① 商定的应对策略；

② 实施所选应对策略所需要的具体行动；

③ 风险发生的触发条件、征兆和预警信号；

④ 实施所选应对策略所需要的预算和进度活动；

⑤ 应急计划，以及启动该计划所需的风险触发条件；

⑥ 由实施风险应对措施而直接导致的次生风险。

12.2 识别风险

识别风险是识别单个项目风险以及整体项目风险的来源，并记录风险特征的过程（图12-3）。本过程的主要作用是记录现有的单个项目风险，以及整体项目风险的来源；同时，汇集相关信息，以便项目团队能够恰当应对已识别的风险。本过程需要在整个项目期间开展。

图 12-3 识别风险

风险识别活动的参与者可能包括:项目经理、项目团队成员、项目风险专家（若已指定）、客户、项目团队外部的专家、最终用户、其他项目经理、运营经理、相关方和组织内的风险管理专家。虽然这些人员通常是风险识别活动的关键参与者，但是还应鼓励所有项目相关方参与单个项目风险的识别工作。项目团队的参与尤其重要，以便培养他们的责任感。

应该采用统一的风险描述格式，来描述和记录单个项目风险，以确保每一项风险都被清楚、明确地理解，从而为有效的分析和制定风险应对措施提供支持。

12.2.1 识别风险:需求文件

12.2.1.1 项目管理计划

可用于本过程的项目管理计划组件包括(但不限于)：

(1) 需求管理计划。需求管理计划可能指出了存在风险的项目目标。

(2) 进度管理计划。进度管理计划可能列出了受不确定性影响的一些因素。

(3) 成本管理计划。成本管理计划可能列出了受不确定性影响的一些因素。

(4) 质量管理计划。质量管理计划可能列出了受不确定性影响的一些因素。

(5) 资源管理计划。资源管理计划可能列出了受不确定性影响的一些因素，或者关键假设可能引发风险的情形。

(6) 风险管理计划。风险管理计划规定了风险管理的角色和职责，说明了如何将风险管理活动纳入预算和进度计划，并描述了风险类别(可用风险分解结构表述)。

(7) 范围基准。范围基准包括可交付成果及其验收标准,其中有些可能引发风险,还包括工作分解结构,可用作安排风险识别工作的框架。

(8) 进度基准。可以查看进度基准,找出存在不确定的里程碑日期和可交付成果交付日期,或者可能引发风险的关键假设条件。

(9) 成本基准。可以查看成本基准,找出存在不确定性的成本估算或资金需求,或者关键假设可能引发风险的方面。

12.2.1.2 项目文件

可用于本过程的项目文件包括(但不限于):

(1) 假设日志。假设日志所记录的假设条件和制约因素可能引发单个项目风险,还可能影响整体项目风险的级别。

(2) 成本估算。成本估算是对项目成本的定量评估,理想情况下用区间表示,区间的大小预示着风险程度。对成本估算文件进行结构化审查,可能显示当前估算不足,从而引发项目风险。成本估算提供了对成本变化性进行评估的起始点。

(3) 持续时间估算。持续时间估算是对项目持续时间的定量评估,理想情况下用区间表示,区间的大小预示着风险程度。对持续时间估算文件进行结构化审查,可能显示当前估算不足,从而引发项目风险。

(4) 问题日志。问题日志所记录的问题可能引发单个项目风险,还可能影响整体项目风险的级别。

(5) 经验教训登记册。可以查看与项目早期所识别的风险相关的经验教训,以确定类似风险是否可能在项目的剩余时间再次出现。

(6) 需求文件。需求文件列明了项目需求,使团队能够确定哪些需求存在风险。

(7) 资源需求。资源需求是对项目所需资源的定量评估,理想情况下用区间表示,区间的大小预示着风险程度。对资源需求文件进行结构化审查,可能显示当前估算不足,从而引发项目风险。

(8) 相关方登记册。相关方登记册规定了哪些个人或小组可能参与项目的风险识别工作,还包括可能被指定为风险责任人的项目相关方的详细信息。

12.2.1.3 采购文档

如果需要从外部采购项目资源,就应该审查初始采购文档,因为从组织外部采购商品和服务可能提高或降低整体项目风险,并可能引发更多的单个项目风险。随着采购文档在项目期间的不断更新,还应该审查最新的文档,例如卖方绩效报告、核准的变更请求和与检查相关的信息。

12.2.1.4 环境因素

会影响识别风险过程的环境因素包括(但不限于):

(1) 已发布的人工、材料、设备信息,包括商业风险数据库;

(2) 标杆对照成果;

(3) 类似项目的行业研究资料。

12.2.1.5 支持性文件

会影响识别风险过程的支持性文件包括(但不限于):

(1) 项目文档,包括实际数据;

(2) 组织和项目的过程控制资料;

(3) 风险描述的格式;

(4) 以往类似项目的信息。

12.2.2 识别风险:过程方法

12.2.2.1 专家判断

应考虑了解类似项目或业务领域的个人或小组的专业意见:

(1) 以往类似项目。

(2) 定性风险分析。

项目经理应该选择相关专家,邀请他们根据以往经验和专业知识来考虑单个项目风险的方方面面,以及整体项目风险的各种来源。项目经理应该注意专家可能持有的偏见。

12.2.2.2 数据收集

适用于本过程的数据收集方法包括(但不限于):

(1) 头脑风暴。头脑风暴的目标是获取一份全面的单个项目风险和整体项目风险来源的清单。通常由项目团队开展头脑风暴,同时邀请团队以外的多学科专家参与。可以采用自由的形式开展头脑风暴。可以用风险类别(如风险分解结构)作为识别风险的框架。因为头脑风暴生成的创意并不成形,所以应该特别注意对头脑风暴识别的风险进行清晰描述。

(2) 核对单。核对单是包括需要考虑的行动或要点的清单,它常被用作提醒。基于从类似项目和其他信息来源积累的历史信息和知识来编制核对单。编制核对单,列出过去曾出现且可能与当前项目相关的具体单个项目风险,这是吸取已完成的类似项目的经验教训的有效方式。

项目团队应该注意考察未在核对单中列出的事项,此外,还应该不时地审查核对单,增加新信息,删除过时信息。

(3) 访谈。可以通过对资深项目参与者、相关方和专家的访谈,来识别单个项目风险以及整体项目风险的来源。应该在信任和保密的环境下开展访谈,以获得真实可信、不带偏见的意见。

12.2.2.3 数据分析

适用于本过程的数据分析方法包括(但不限于):

(1) 根本原因分析。根本原因分析常用于发现导致问题的深层原因并制定预防措施。可以用问题陈述(如项目可能延误或超支)作为出发点,来探讨哪些威胁可能导致该问题,从而识别出相应的威胁。

(2) 假设条件和制约因素分析。每个项目及其项目管理计划的构思和开发都基于一系列的假设条件,并受一系列制约因素的限制。这些假设条件和制约因素往往都已纳入范围基准和项目估算。开展假设条件和制约因素分析,来探索假设条件和制约因素的有效性,以确定其中哪些会引发项目风险。

(3) SWOT分析。这是对项目的优势、劣势、机会和威胁进行逐个检查。在识别风险时,它会将内部产生的风险包含在内,从而拓宽识别风险的范围。首先,识别出组织的优势和劣势。然后,找出组织优势可能为项目带来的机会,组织劣势可能造成的威胁。

(4) 文件分析。通过对项目文件的结构化审查,可以识别出一些风险。可供审查的文件包括(但不限于):计划、假设条件、制约因素、以往项目档案、合同、协议和技术文件。项目文件中的不确定性或模糊性,以及同一文件内部或不同文件之间的不一致,都可能是项目风险的信号。

(5) 风险概率和影响评估。风险概率评估考虑的是特定风险发生的可能性,而风险影响评估考虑的是风险对一项或多项项目目标的潜在影响,如进度、成本、质量或绩效。威胁将产生负面的影响,机会将产生正面的影响。要对每个已识别的单个项目风险进行概率和影响方面的评估。风险评估可以采用访谈或会议的形式,参加者将依照他们对风险登记册中所记录的风险类型的熟悉程度而定。项目团队成员和项目外部资深人员应该参加访谈或会议。在访谈或会议期间,评估每个风险的概率水平及其对每项目标的影响级别。如果相关方对概率水平和影响级别的感知存在差异,则应对差异进行探讨。

(6) 模拟。在定量风险分析中,使用模型来模拟单个项目风险和其他不确定性来源的综合影响,以评估它们对项目目标的潜在影响。模拟通常采用蒙特卡洛分析。对成本风险进行蒙特卡洛分析时,使用项目成本估算作为模拟的输入;对进度风险进行蒙特卡洛分析时,使用进度网络图和持续时间估算作为模拟的输入。开展综合定量成本-进度风险分析时,同时使用这两种输入。其输出就是定量风险分析模型。

12.2.2.4 风险分类

项目风险可依据风险来源[如采用风险分解结构(RBS),见表 12-1]、受影响的项目领域[如采用工作分解结构(WBS)],以及其他类别(如项目阶段、项目预算、角色和职责)来分类,确定哪些项目领域最容易被不确定性影响;风险还可以根据共同的根本原因进行分类。应该在风险管理计划中规定可用于项目的风险分类方法。

对风险进行分类,有助于把注意力和精力集中到风险较大的领域,或针对一组相关的风险制定通用的风险应对措施,从而更有效地开展风险应对。

12.2.2.5 会议

为了开展风险识别、分析工作,项目团队可能要召开专门的会议(通常称为风险研讨会)。在大多数风险研讨会中,都会开展某种形式的头脑风暴。对于较大型项目,可能需要邀请项目发起人、风险专家、卖方、客户代表,或其他项目相关方参加会议;而对于较小型项目,可能仅限部分项目团队成员参加。

12.2.3 识别风险:工作成果

12.2.3.1 风险登记册

风险登记册记录已识别的项目风险的详细信息。当完成识别风险过程时,风险登记册的内容可能包括(但不限于):

(1) 已识别风险的清单。在风险登记册中,每项单个项目风险都被赋予一个独特的标识号,并对已识别风险进行描述,确保可以被清晰理解。

(2) 潜在风险责任人。如果已在识别风险过程中识别出潜在的风险责任人,应把该责任人记录到风险登记册中。

(3) 潜在风险应对措施清单。如果已在识别风险过程中识别出某种潜在的风险应对措施,就要把它记录到风险登记册中,随后将由风险应对过程进行确认。

根据风险管理计划规定的风险登记册格式,可能还要记录的信息包括:风险名称、风险类别、当前风险状态、一项或多项原因、一项或多项对目标的影响、风险触发条件(显示风险即将发生的事件或条件)、受影响的WBS组件,以及时间信息(可能何时发生、何时可能不再相关,以及采取行动的最后期限)。

12.2.3.2　风险报告

风险报告提供了关于整体项目风险的信息,以及关于已识别的单个项目风险的概述信息。在项目风险管理过程中,风险报告的编制是一项渐进式的工作。在完成识别风险过程时,风险报告的内容可能包括(但不限于):

(1) 整体项目风险的来源。说明哪些是整体项目风险的最重要驱动因素。

(2) 关于已识别单个项目风险的概述信息。例如,已识别的威胁与机会的数量、风险在风险类别中的分布情况、测量指标和发展趋势。

根据风险管理计划中规定的报告要求,风险报告中可能还包含其他信息。

12.2.3.3　项目文件更新

可在本过程更新的项目文件包括(但不限于):

(1) 假设日志。在识别、分析风险过程中,可能做出新的假设,识别出新的制约因素,或者现有的假设条件或制约因素可能被重新审查和修改,应该更新假设日志,记录这些新信息。

(2) 问题日志。应该更新问题日志,记录发现的新问题或当前问题发生的变化。

(3) 经验教训登记册。为了改善后期阶段或其他项目的绩效,而更新经验教训登记册,记录关于行之有效的风险识别、分析的信息。

(4) 风险报告。更新风险报告,记录最重要的单个项目风险(通常为概率和影响最高的风险)、所有已识别风险的优先级列表以及简要的结论。

(5) 风险应对建议。风险报告可能根据定量风险分析的结果,针对整体项目风险或关键单个项目风险提出应对建议。

12.3 实施风险应对

实施风险应对是执行商定的风险应对计划的过程(图12-4)。本过程的主要作用是确保按计划执行商定的风险应对措施,来管理整体项目风险、最小化单个项目威胁,以及最大化单个项目机会。本过程需要在整个项目期间开展。

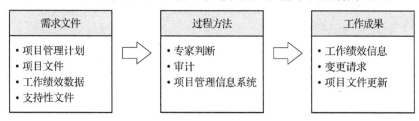

图 12-4 实施风险应对

适当关注实施风险应对过程,能够确保已商定的风险应对措施得到实际执行。项目风险管理的一个常见问题是,项目团队努力识别和分析风险并制定应对措施,然后把经商定的应对措施记录在风险登记册和风险报告中,但是不采取实际行动去管理风险。

12.3.1 实施风险应对:需求文件

12.3.1.1 项目管理计划

项目管理计划组件包括(但不限于)风险管理计划。风险管理计划列明了与风险管理相关的项目团队成员和其他相关方的角色和职责。应根据这些信息为已商定的风险应对措施分配责任人。风险管理计划还规定了应如何审查风险、应遵守哪些政策和程序、相关的角色和职责安排,以及报告格式。

12.3.1.2 项目文件

可用于本过程的项目文件包括(但不限于):

(1)经验教训登记册。项目早期获得的与实施风险应对有关的经验教训,可用于项目后期提高本过程的有效性。

(2)风险登记册。风险登记册的主要内容包括已识别单个项目风险、风险责任人、商定的风险应对策略,以及具体的应对措施。它可能还会提供其他详细信息,包括用于评估应对计划有效性的控制措施、风险的症状和预警信号、次生风险,以及低优先级风险观察清单。

(3) 风险报告。风险报告包括对当前整体项目风险的评估,以及商定的风险应对策略,还会描述重要的单个项目风险及其应对计划和风险责任人。

12.3.1.3　工作绩效数据

工作绩效数据包含关于项目状态的信息,例如,已实施的风险应对措施、已发生的风险、仍活跃及已关闭的风险。

12.3.1.4　支持性文件

能够影响实施风险应对过程的支持性文件包括(但不限于)已完成的类似项目的经验教训知识库,其中会说明特定风险应对的有效性。

12.3.2　实施风险应对:过程方法

12.3.2.1　专家判断

在确认或修改(如必要)风险应对措施,以及决定如何以最有效率和最有效果的方式加以实施时,应征求具备相应专业知识的个人或小组的意见。

12.3.2.2　审计

风险审计是一种审计类型,可用于评估风险管理过程的有效性。项目经理负责确保按项目风险管理计划所规定的频率开展风险审计。风险审计可以在日常项目审查会上开展,团队也可以召开专门的风险审计会。在实施审计前,应明确定义风险审计的程序和目标。

12.3.2.3　项目管理信息系统(PMIS)

项目管理信息系统可能包括进度、资源和成本软件,用于确保把商定的风险应对计划及其相关活动,连同其他项目活动,一并纳入整个项目。

12.3.3　实施风险应对:工作成果

12.3.3.1　工作绩效信息

工作绩效信息是经过比较单个风险的实际发生情况和预计发生情况,所得到的关于项目风险管理执行绩效的信息。它可以说明风险应对规划和应对实施过程的有效性。

12.3.3.2 变更请求

实施风险应对后,可能会就成本基准和进度基准,或项目管理计划的其他组件提出变更请求。应该通过已经制定的变更控制过程对变更请求进行审查和处理。

12.3.3.3 项目文件更新

可在本过程更新的项目文件包括(但不限于):

(1) 假设日志。在应对风险过程中,可能做出新的假设、识别出新的制约因素,或者现有假设条件或制约因素可能被重新审查和修改。需要更新假设日志,记录这些新信息。

(2) 问题日志。作为实施风险应对过程的一部分,已识别的问题会被记录到问题日志中。

(3) 经验教训登记册。更新经验教训登记册,记录在实施风险应对时遇到的挑战、本可采取的规避方法,以及实施风险应对的有效方式。

(4) 风险登记册。更新风险登记册,记录在应对风险过程中产生的关于单个项目风险的信息,可能包括添加新风险、更新已过时风险或已发生风险,以及更新风险应对措施,等等。

(5) 风险报告。应该随着应对风险过程生成新信息,而更新风险报告,反映重要单个项目风险的当前状态,以及整体项目风险的当前级别。风险报告还可能包括有关的详细信息,诸如最高优先级单个项目风险、已商定的应对措施和责任人,以及结论与建议。风险报告也可以收录风险审计给出的关于风险管理过程有效性的结论。

第 13 章
项目采购管理

项目采购管理包括从组织外部采购所需产品、服务或成果的各个过程（图13-1）。被授权采购项目所需货物和（或）服务的人员可以是项目团队或组织采购部（如果有）的成员。

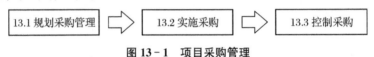

图 13-1 项目采购管理

与采购过程相关的法律法规和政策，通常超出大多数其他的项目管理过程。虽然项目经理不必成为采购管理法律法规领域的专家，但应该对采购过程有足够的了解，以便做出与合同及合同关系相关的明智决定。通常情况下，项目经理无权签署协议，这项工作仅由具备相关职权的人员执行。

项目采购管理过程涉及用合同来描述买卖双方之间的关系。合同应明确说明预期的可交付成果，包括从卖方到买方的任何知识转移。合同中未规定的任何事项则不具法律强制力，但无论合同规定如何详尽，文化和当地法律对合同及其可执行性均有影响。

大多数组织都有相关的书面政策和程序来专门定义采购规则，并规定谁有权代表组织签署和管理协议。组织虽然用不同的名称来称呼负责采购的单位或部门，如合同部、成本部或采购部，但其实际职责大同小异。

虽然所有项目文件可能都要经过某种形式的审查与批准，但是，鉴于其法律约束力，合同或协议需要经过更多的审批程序，而且通常会涉及法务部。在任何情况下，审批程序的主要目标都是确保合同充分描述将由卖方提供的产品、服务或成果,且符合法律法规关于采购的规定。通常把描述产品、服务或成果的文件作为独立的附件或附录,以便合同正文使用标准化的法律合同用语。

本节假设项目所需物品或服务的买方是项目团队,或者是组织内部的某个部门,同时假设卖方是为项目提供物品或服务的一方,且通常来自执行组织外部。

13.1 规划采购管理

规划采购管理是记录项目采购决策、明确采购方法,及识别潜在卖方的过程(图 13-2)。本过程的主要作用是确定是否从项目外部获取货物和服务,如果是,则还要确定将在什么时间、以什么方式获取什么货物和服务。

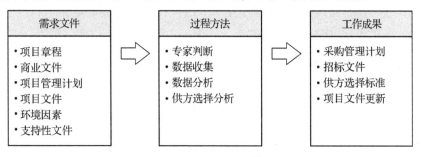

图 13-2 规划采购管理

应该在规划采购管理过程的早期,确定与采购有关的角色和职责。项目经理应确保在项目团队中配备具有所需采购专业知识的人员。采购过程的参与者可能包括采购部的人员,以及采购组织法务部的人员。这些人员的职责也应记录在采购管理计划中。

典型的步骤可能有:

(1) 采购工作说明书或工作大纲;

(2) 成本估算;

(3) 发布招标公告的时间;

(4) 确定合格卖方的短名单;

(5) 对投标人的评选方式;

(6) 买方和卖方签署合同的时间。

项目进度计划对规划采购管理过程中的采购策略制定有重要影响。在制订采购管理计划时所做出的决定也会影响项目进度计划。在制订进度计划、估算活动资源以及外购决策制定时，都需要考虑这些决定。

13.1.1 规划采购管理：需求文件

13.1.1.1 项目章程

项目章程包括目标、项目描述、总体里程碑，以及预先批准的财务资源。

13.1.1.2 商业文件

可用于本过程的商业文件包括：

（1）商业论证。采购策略需要和商业论证保持一致，以确保商业论证的有效性。

（2）收益管理计划。收益管理计划描述应在何时产出具体的项目收益，这将影响采购日期和合同条款的确定。

13.1.1.3 项目管理计划

可用于本过程的项目管理计划组件包括（但不限于）：

（1）范围管理计划。范围管理计划说明如何在项目的实施阶段管理承包商的工作范围。

（2）质量管理计划。质量管理计划包含项目需要遵循的行业标准与准则。这些标准与准则应写入招标文件，并将最终在合同中引用。这些标准与准则也可用于供应商资格预审，或作为供应商甄选标准的一部分。

（3）资源管理计划。资源管理计划包括关于哪些资源需要采购或租赁的信息，以及任何可能影响采购的假设条件或制约因素。

（4）范围基准。范围基准包含范围说明书、WBS和WBS词典。在项目早期，项目范围可能仍要继续演进。应该针对项目范围中已知的工作，编制工作说明书和工作大纲。

13.1.1.4 项目文件

可用于本过程的项目文件包括（但不限于）：

（1）里程碑清单。里程碑清单说明卖方需要在何时交付成果。

（2）项目团队派工单。项目团队派工单包含关于项目团队技能和能力的信息,以及他们可用于支持采购活动的时间。如果项目团队不具备开展采购活动的能力,则需要外聘人员或对现有人员进行培训,或者二者同时进行。

(3) 需求文件。需求文件可能包括:

① 卖方需要满足的技术要求。

② 具有合同和法律意义的需求,如健康、安全、安保、环境、保险、知识产权、执照、资质许可证,以及其他非技术要求。

(4) 资源需求。资源需求包含关于某些特定需求的信息,例如可能需要采购的团队及实物资源。

(5) 风险登记册。风险登记册列明风险清单,以及风险分析和风险应对的结果。有些风险应通过采购协议转移给第三方。

(6) 相关方登记册。相关方登记册提供有关项目参与者及其项目利益的详细信息,包括监管机构、合同签署人员和法务人员。

13.1.1.5 环境因素

能够影响规划采购管理过程的环境因素包括(但不限于):

(1) 市场条件,包括可获得的产品、服务和成果;

(2) 卖方,包括其以往绩效或声誉;

(3) 特殊的当地要求,例如关于雇用当地员工或卖方的法规要求;

(4) 关于采购的法律要求;

(5) 合同管理系统,包括合同变更控制程序;

(6) 已有的供应商系统,其中列出了基于以往经验而预审合格的卖方;

(7) 财务会计和合同支付系统。

13.1.1.6 支持性文件

组织使用的各种合同协议类型也会影响规划采购管理过程中的决策。能够影响规划采购管理过程的支持性文件包括(但不限于):

(1) 预先批准的卖方清单。经过适当审查的卖方清单可以简化招标所需的步骤,并缩短卖方甄选过程的时间。

(2) 正式的采购政策、程序和指南。大多数组织都有正式的采购政策和采购机构。如果没有,项目团队就应该配备相关的资源和专业技能,来实施采购活动。

(3) 合同类型。所有法律合同关系通常可分为总价和成本补偿两大类。此外，还有第三种常用的混合类型，即工料合同。但在实践中，单次采购合并使用两种或更多合同类型的情况也并不罕见。

① 总价合同。此类合同为既定产品、服务或成果的采购设定一个总价。这种合同应在已明确定义需求，且不会出现重大范围变更的情况下使用。总价合同的类型包括：

A. 固定总价。这是最常用的合同类型。大多数买方都喜欢这种合同，因为货物采购的价格在一开始就已确定，并且不允许改变（除非工作范围发生变更）。

B. 总价加激励费用。这种总价合同为买方和卖方提供了一定的灵活性，允许一定的绩效偏离，并对实现既定目标给予相关的奖励（通常取决于卖方的成本、进度或技术绩效）。合同中会设置价格上限，高于此价格上限的全部成本将由卖方承担。

C. 总价加经济价格调整。这种合同适用于两种情况：卖方履约期将跨越几年时间，或将以不同货币支付价款。它是总价合同的一种类型，但合同中包含了特殊条款，允许根据条件变化，如通货膨胀、某些特殊商品的成本增加（或降低），以事先确定的方式对合同价格进行最终调整。

② 成本补偿合同。此类合同向卖方支付为完成工作而发生的全部合法实际成本（可报销成本），外加一笔费用作为卖方的利润。这种合同适用于工作范围预计会在合同执行期间发生重大变更。成本补偿合同又可分为以下两种：

A. 成本加固定费用。为卖方报销履行合同工作所发生的一切可列支成本，并向卖方支付一笔固定费用。该费用以项目初始估算成本的某一百分比计列。除非项目范围发生变更，否则费用金额维持不变。

B. 成本加激励费用。为卖方报销履行合同工作所发生的一切可列支成本，并在卖方达到合同规定的绩效目标时，向卖方支付预先确定的激励费用。

③ 工料合同。工料合同（又称时间和手段合同），是兼具成本补偿合同和总价合同特点的混合型合同。这种合同往往适用于：在无法快速编制出准确的工作说明书的情况下扩充人员、聘用专家或寻求外部支持。

13.1.2　规划采购管理：过程方法

13.1.2.1　专家判断

应征求具备以下专业知识的个人或小组的意见：

(1) 采购策略；

(2) 合同类型和合同文件；

(3) 法规及合规性。

13.1.2.2 数据收集

适用于本过程的数据收集技术包括(但不限于)市场调研。市场调研包括考察行业情况和具体卖方的能力。

13.1.2.3 数据分析

适用于本过程的数据分析技术包括(但不限于)自制或外购分析。自制或外购分析用于确定某项工作或可交付成果最好由项目团队自行完成，还是应该从外部采购。制定自制或外购决策时应考虑的因素包括：组织当前的资源配置及其技能和能力、对专业技术的需求、对独特技术专长的需求，还要评估与每个自制或外购决策相关的风险。

以下列出了有关自制或外购分析的因素：

(1) 关于自制的决策

① 成本更低(但不总是如此)；

② 运用闲置的现有生产力；

③ 保证直接控制；

④ 避免不可靠的供应商；

⑤ 稳定现有劳动力。

(2) 关于外购的决策

① 成本更低(但并不总是如此)；

② 利用供应商的技能；

③ 保持多种来源(合格的供应商清单)；

④ 风险转移。

13.1.2.4 供方选择分析

由于竞争性选择方法可能要求卖方在事前投入大量时间和资源，因此，应该在采购文件中写明评估方法，让投标人了解将会被如何评估。常用的选择方法包括：

(1) 最低成本。最低成本法适用于标准化或常规采购。此类采购有成熟的实践与标准，有具体明确的预期成果，可以用不同的成本来实现。

（2）仅凭资质。仅凭资质的选择方法适用于采购价值相对较小，不值得花时间和成本开展完整选择过程的情况。买方会确定短名单，然后根据可信度、相关资质、经验、专业知识、专长领域和参考资料选择最佳的投标人。

（3）基于质量或技术方案得分。邀请一些公司提交建议书，同时列出技术和成本详情；如果技术建议书合格，再邀请他们进行合同谈判。采用此方法，会先对技术建议书进行评估，考察技术方案的质量。如果经过谈判，证明他们的财务建议书是可接受的，那么就会选择技术建议书得分最高的卖方。

（4）基于质量和成本。在基于质量和成本的方法中，成本也是用于选择卖方的一个考虑因素。一般而言，如果项目的风险和（或）不确定性较高，相对于成本而言，质量就应该是一个关键因素。

（5）单一来源。买方要求特定卖方准备技术和财务建议书，然后针对建议书开展谈判。由于没有竞争，因此仅在有适当理由时才可采用此方法，而且应将其视为特殊情况。

13.1.3 规划采购管理：工作成果

13.1.3.1 采购管理计划

采购管理计划包含在采购过程中开展的各种活动。它应该记录是否开展公开招标、邀请招标、单一来源委托等。

采购管理计划可包括以下内容：

（1）如何协调采购与项目的其他工作，例如项目进度计划制订和控制。

（2）开展重要采购活动的时间表。

（3）与采购有关的相关方角色和职责。如果执行组织有采购部，考虑项目团队拥有的职权和受到的限制。

（4）可能影响采购工作的制约因素和假设条件。

（5）法规要求和监管机构的政策。

（6）是否需要编制控制价（最高限价），以及是否应将其作为评价标准。

（7）对履约保函的要求，以减轻某些项目风险。

（8）拟使用的预审合格的卖方名单（如果有）。

根据每个项目的需要，采购管理计划可以是非常详细或高度概括的。

13.1.3.2 招标文件

招标文件用于向潜在卖方征求建议书。如果主要依据价格来选择卖方（如购买标准产品时），通常就使用标书、投标或报价等术语；如果其他考虑因素（如技术能力或技术方法）至关重要，则通常使用建议书之类的术语。具体使用的采购术语也可能因行业或采购地点而异。

取决于所需的货物或服务，招标文件可以是信息邀请书、报价邀请书、建议邀请书，或其他适当的采购文件。使用不同文件的条件如下：

（1）信息邀请书。如果需要卖方提供关于拟采购货物和服务的更多信息，就使用信息邀请书。随后一般还会使用报价邀请书或建议邀请书。

（2）报价邀请书。如果需要供应商提供关于将如何满足需求和（或）将需要多少成本的更多信息，就使用报价邀请书。

（3）建议邀请书。如果项目中出现问题且解决办法难以确定，就使用建议邀请书。这是最正式的"邀请书"文件，需要遵守与内容、时间表，以及卖方应答有关的严格的采购规则。

买方拟定的采购文件不仅应便于潜在卖方做出准确、完整的应答，还要便于买方对卖方应答进行评价。采购文件会包括规定的应答格式、相关的采购工作说明书，以及所需的合同条款。

采购文件的复杂和详细程度应与采购的价值及相关的风险相符。采购文件既需要具备足够详细的信息，确保卖方做出一致且适当的应答，同时它又要有足够的灵活度，让卖方为满足相同的要求而提出更好的建议。

13.1.3.3 供方选择标准

供方选择标准可包括（但不限于）：

（1）供应商的能力；

（2）产品价格和产品寿命；

（3）交付日期；

（4）技术专长；

（5）类似项目的业绩；

（6）用于响应招标文件的工作方法和工作计划；

（7）公司的财务稳定性；

（8）管理经验；

（9）知识转移计划，包括培训计划。

针对不同的标准，可以用数值或书面描述，来说明卖方满足采购需求的程度。

13.1.3.4 项目文件更新

可在本过程更新的项目文件包括(但不限于):

(1) 经验教训登记册。更新经验教训登记册,记录任何与法规和合规性、数据收集、数据分析和供方选择分析相关的经验教训。

(2) 里程碑清单。里程碑清单说明卖方需要在何时交付成果。

(3) 需求文件。需求文件可能包括:

① 卖方需要满足的技术要求;

② 具有合同和法律意义的需求,如健康、安全、安保、绩效、环境、保险、知识产权、执照、资质许可证,以及其他非技术要求。

(4) 风险登记册。取决于卖方的组织、合同的持续时间、外部环境、项目交付方法、所选合同类型,以及最终商定的价格,任何被选中的卖方都会带来特殊的风险。

(5) 相关方登记册。更新相关方登记册,记录任何关于相关方的补充信息,尤其是监管机构、合同签署人员,以及法务人员的信息。

13.2 实施采购

实施采购是组织采购、选择卖方并授予合同的过程(图 13-3)。本过程的主要作用是选定合格卖方并签署关于货物或服务交付的法律协议。本过程的最后成果是签订的协议,包括正式合同。本过程应根据需要在整个项目期间定期开展。

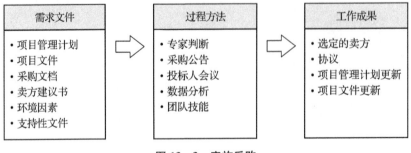

图 13-3 实施采购

13.2.1 实施采购:需求文件

13.2.1.1 项目管理计划

可用于本过程的项目管理计划组件包括(但不限于):

(1)范围管理计划。范围管理计划描述如何管理总体工作范围,包括由卖方负责的工作范围。

(2)需求管理计划。需求管理计划描述将如何分析、记录和管理需求。它可能还包括卖方将如何管理按协议规定应该实现的需求。

(3)沟通管理计划。沟通管理计划描述买方和卖方之间如何开展沟通。

(4)风险管理计划。风险管理计划描述如何安排和实施项目风险管理活动。

(5)采购管理计划。采购管理计划包含在实施采购过程中应该开展的活动。

(6)成本基准。成本基准包括用于开展采购的预算,用于管理采购过程的成本,以及用于管理卖方的成本。

13.2.1.2 项目文件

可用于本过程的项目文件包括(但不限于):

(1)经验教训登记册。在项目早期获取的与实施采购有关的经验教训,可用于项目后期阶段,以提高本过程的效率。

(2)项目进度计划。项目进度计划确定项目活动的开始和结束日期,包括采购活动。它还会规定承包商最终的交付日期。

(3)需求文件。需求文件可能包括:

① 卖方需要满足的技术要求;

② 具有合同和法律意义的需求,如健康、安全、安保、绩效、环境、保险、知识产权、执照、资质许可证,以及其他非技术要求。

(4)风险登记册。取决于卖方的组织、合同的持续时间、外部环境、项目交付方法、所选合同类型,以及最终商定的价格,任何被选中的卖方都会带来特殊的风险。

(5)相关方登记册。此文件包含与已识别相关方有关的所有详细信息。

13.2.1.3 采购文档

采购文档可包括：

（1）招标文件。招标文件包括发给卖方的信息邀请书、建议邀请书、报价邀请书，或其他文件，以便卖方编制应答文件。

（2）采购工作说明书。采购工作说明书向卖方清晰地说明目标、需求及成果，以便卖方据此做出量化应答。

（3）供方选择标准。此类标准描述如何评估投标人的建议书，包括评估标准和权重。为了减轻风险，买方可能决定与多个卖方签署协议，以便在单个卖方出问题并影响整体项目时，降低由此导致的损失。

13.2.1.4 卖方建议书

卖方为响应采购文件包而编制的建议书，其中包含的基本信息将被评估团队用于选定一个或多个投标人（卖方）。如果卖方将提交价格建议书，最好要求他们将价格建议书与技术建议书分开。评估团队会根据供方选择标准审查每一份建议书，然后选出最能满足采购组织需求的卖方。

13.2.1.5 环境因素

能够影响实施采购过程的环境因素包括：

（1）关于采购的当地法律和法规；

（2）制约采购过程的外部经济环境；

（3）市场条件；

（4）以往与卖方合作的相关经验，包括正反两方面；

（5）之前使用的协议；

（6）合同管理系统。

13.2.1.6 支持性文件

能够影响实施采购过程的支持性文件包括（但不限于）：

（1）预审合格的优先卖方清单；

（2）会影响卖方选择的组织政策；

（3）组织中关于协议起草及签订的具体模板或指南；

（4）关于付款申请和支付过程的财务政策和程序。

13.2.2 实施采购:过程方法

13.2.2.1 专家判断

应征求具备以下专业知识的个人或小组的意见:
(1) 建议书评估;
(2) 技术或相关专业知识;
(3) 相关的职能领域,如财务、工程、设计、开发、营销等;
(4) 行业监管政策;
(5) 法律法规和合规性要求。

13.2.2.2 采购公告

公告是就产品、服务或成果与用户或潜在用户进行的沟通。大多数政府机构都要求公开发布采购公告,或在网上公布拟签署的合同的信息。

13.2.2.3 投标人会议

投标人会议(又称承包商会议、供应商会议或投标前会议)是在卖方提交建议书之前,在买方和潜在卖方之间召开的会议,其目的是确保所有潜在投标人对采购要求都有清楚且一致的理解,并确保没有任何投标人会得到特别优待。

13.2.2.4 数据分析

适用于本过程的数据分析技术包括(但不限于)建议书评估。对建议书进行评估,确定它们是否对包含在招标文件包中的招标文件、采购工作说明书、供方选择标准和其他文件,都做出了完整且充分的响应。

13.2.2.5 团队技能

适用于本过程的团队技能包括谈判。谈判是为达成协议而进行的讨论。采购谈判是指在合同签署之前,对合同的结构、各方的权利和义务,以及其他条款加以澄清,以便双方达成共识。最终的文件措辞应该反映双方达成的全部一致意见。谈判以签署买方和卖方均可执行的合同文件或其他正式协议而结束。

谈判应由采购团队中拥有合同签署职权的成员主导。项目经理和项目管理团队的其他成员可以参加谈判并提供必要的协助。

13.2.3 实施采购:工作成果

13.2.3.1 选定的卖方

选定的卖方是在建议书评估或投标评估中被判断为最有竞争力的投标人。对于较复杂、高价值和高风险的采购,在授予合同前,要把选定的卖方报给组织高级管理人员审批。

13.2.3.2 协议

合同是对双方都有约束力的协议。它强制卖方提供规定的产品、服务或成果,强制买方向卖方支付相应的报酬。合同建立了受法律保护的买卖双方的关系。协议文本的主要内容会有所不同,可包括(但不限于):

(1) 技术说明书或主要的可交付成果;
(2) 进度计划、里程碑,或进度计划中规定的日期;
(3) 定价和支付条款;
(4) 质量验收标准;
(5) 担保和后续技术支持;
(6) 激励和惩罚;
(7) 保险和履约保函;
(8) 变更请求处理;
(9) 终止条款和替代争议解决方法。

13.2.3.3 项目管理计划更新

可能需要变更的项目管理计划组件包括(但不限于):

(1) 需求管理计划。项目需求可能因卖方的要求而变更。
(2) 质量管理计划。卖方可能提出备选质量标准或备选解决方案,从而影响质量管理计划中规定的质量管理方法。
(3) 沟通管理计划。在选定卖方后,需要更新沟通管理计划,记录卖方的沟通需求和方法。
(4) 风险管理计划。每个协议和卖方都会带来独特的风险,从而需要更新风险管理计划。具体的风险应该记录到风险登记册中。
(5) 采购管理计划。可能需要基于合同谈判和签署的结果,而更新采购管理计划。

(6)范围基准。在执行采购活动时,需明确考虑范围基准中的项目工作分解结构和可交付成果。本过程可能导致对任何一个或全部可交付成果的变更。

(7)进度基准。如果卖方交付成果方面的变更影响了项目的整体进度绩效,则可能需要更新并审批基准进度计划,以反映当前的期望。

(8)成本基准。在项目交付期间,承包商的材料价格和人力价格可能随外部经济环境而频繁变动。这种变动需要反映到成本基准中。

13.2.3.4 项目文件更新

可在本过程更新的项目文件包括(但不限于):

(1)经验教训登记册。更新经验教训登记册,记录在实施采购期间所遇到的挑战、本可采取的规避方法,以及有效的方法。

(2)需求文件。需求文件可能包括:

① 卖方需要满足的技术要求;

② 具有合同和法律意义的需求,如健康、安全、安保、绩效、环境、保险、知识产权、执照、资质许可证,以及其他非技术要求。

(3)风险登记册。取决于卖方的组织、合同的持续时间、外部环境、项目交付方法、所选合同类型,以及最终商定的价格,每个被选中的卖方都会带来特殊的风险。在合同签署过程中,应该对风险登记册进行变更,以反映每个卖方带来的具体风险。

(4)相关方登记册。此文件包含与已识别相关方有关的所有详细信息。与具体卖方签订协议后,需要更新相关方登记册。

13.3 控制采购

控制采购是管理采购关系、监督合同绩效、实施必要的变更和纠偏,以及关闭合同的过程(图 13-4)。本过程的主要作用是确保买卖双方履行法律协议,满足项目需求。本过程应根据需要在整个项目期间开展。

图 13-4 控制采购

买方和卖方都出于相似的目的来管理采购合同，每方都必须确保双方履行合同义务，确保各自的合法权利得到保护。合同关系的法律性质要求项目管理团队必须了解在控制采购期间所采取的任何行动的法律后果。对于有多个供应商的较大项目，合同管理的一个重要方面就是管理各个供应商之间的沟通。

鉴于其法律意义，很多组织都将合同管理视为独立于项目的一种组织职能。合同管理活动可能包括：

（1）完善采购计划和进度计划；

（2）建立与采购相关的项目数据的收集、分析和报告机制，并为组织编制定期报告；

（3）监督采购环境，以便引导或调整实施；

（4）向卖方付款。

在控制采购过程中，需要开展财务管理工作，包括监督向卖方付款。这是要确保合同中的支付条款得到遵循，确保按合同规定，把付款与卖方的工作进展联系起来。需要重点关注的一点是，确保向卖方的付款与卖方实际已经完成的工作量之间有密切的关系。

13.3.1 控制采购：需求文件

13.3.1.1 项目管理计划

可用于本过程的项目管理计划组件包括（但不限于）：

（1）需求管理计划。需求管理计划描述将如何分析、记录和管理承包商需求。

（2）风险管理计划。风险管理计划描述如何安排和实施由卖方引发的项目风险管理活动。

(3) 采购管理计划。采购管理计划规定了在控制采购过程中需要开展的活动。

(4) 变更管理计划。变更管理计划包含关于如何处理由卖方引发的变更的信息。

(5) 进度基准。如果卖方的进度拖后影响了项目的整体进度绩效，则可能需要更新并审批进度计划，以反映当前的期望。

13.3.1.2 项目文件

可用于本过程的项目文件包括(但不限于)：

(1) 假设日志。假设日志记录了采购过程中做出的假设。

(2) 经验教训登记册。在项目早期获取的经验教训可供项目未来使用，以改进承包商绩效和采购过程。

(3) 里程碑清单。里程碑清单说明卖方需要在何时交付成果。

(4) 质量报告。质量报告用于识别不合规的卖方过程、程序或产品。

(5) 需求文件。需求文件可能包括：

① 卖方需要满足的技术要求；

② 具有合同和法律意义的需求，如健康、安全、安保、绩效、环境、保险、知识产权、执照、资质许可证，以及其他非技术要求。

(6) 风险登记册。取决于卖方的组织、合同的持续时间、外部环境、项目交付方法、所选合同类型，以及最终商定的价格，每个被选中的卖方都会带来特殊的风险。

(7) 相关方登记册。相关方登记册包括关于已识别相关方的信息，例如合同团队成员、选定的卖方、签署合同的专员，以及参与采购的其他相关方。

13.3.1.3 采购文档

采购文档包含用于管理采购过程的完整支持性记录，包括工作说明书、支付信息、承包商工作绩效信息、计划、图纸和其他往来函件。

13.3.1.4 批准的变更请求

批准的变更请求可能包括对合同条款和条件的修改，例如修改采购工作说明书、定价，以及对产品、服务或成果的描述。与采购相关的任何变更，在通过控制采购过程实施之前，都需要以书面形式正式记录，并取得正式批准。

13.3.1.5 环境因素

能够影响控制采购过程的环境因素包括(但不限于)：

(1) 合同变更控制系统；

(2) 市场条件；

(3) 财务管理和应付账款系统；

(4) 采购组织的道德规范。

13.3.2 控制采购：过程方法

13.3.2.1 专家判断

应征求具备以下专业知识的个人或小组的意见：

(1) 相关的职能领域，如财务、工程、设计、开发、营销等；

(2) 法律法规和合规性要求；

(3) 索赔管理。

13.3.2.2 索赔管理

如果买卖双方不能就变更补偿达成一致意见，或对变更是否发生存在分歧，那么变更就成为有争议的变更。此类有争议的变更称为索赔。如果不能妥善解决，它们会成为争议并最终引发申诉。在整个合同生命周期中，通常会按照合同条款对索赔进行记录、处理、监督和管理。如果合同双方无法自行解决索赔问题，则可能不得不按合同中规定的程序，用替代争议解决方法去处理。谈判是解决所有索赔和争议的首选方法。

13.3.2.3 数据分析

用于监督和控制采购的数据分析方法包括(但不限于)：

(1) 绩效审查。对照协议，对质量、资源、进度和成本绩效进行测量、比较和分析，以审查合同工作的绩效。其中包括确定工作包提前或落后于进度计划、超出或低于预算，以及是否存在资源或质量问题。

(2) 挣值分析(EVA)。计算进度和成本偏差，以及进度和成本绩效指数，以确定偏离目标的程度。

(3) 趋势分析。趋势分析可用于编制关于成本绩效的完工估算，以确定绩效正在改善或正在恶化。

13.3.2.4 检查

检查是指对承包商正在执行的工作进行结构化审查,可能涉及对可交付成果的简单审查,或对工作本身的实地审查。在工程建设项目中,检查包括买方和承包商联合巡检现场,以确保双方对正在进行的工作有共同的认识。

13.3.3 控制采购:成果文件

13.3.3.1 合同终止

买方通常通过其授权的采购管理员,向卖方发出合同已经完成的正式书面通知。关于正式终止合同的要求,通常已在合同条款和条件中规定,并包括在采购管理计划中。一般而言,这些要求包括:已按时、按质、按技术要求交付全部可交付成果,没有未决索赔或发票,全部最终款项已经付清。项目管理团队应该在终止合同之前批准所有的可交付成果。

13.3.3.2 项目管理计划更新

可能需要变更的项目管理计划组件包括(但不限于):

(1)风险管理计划。每个协议和卖方都会带来独特的风险,因此可能需要更新风险管理计划。如果在执行合同期间发生重大的意外风险,则风险管理计划可能需要更新。应该把具体的风险记录到风险登记册中。

(2)采购管理计划。采购管理计划包含在采购过程中需要开展的活动。可能需要基于卖方执行工作的绩效情况,对采购管理计划进行更新。

(3)进度基准。如果卖方的重大进度变更影响到了项目的整体进度绩效,则可能需要更新并审批基准进度计划,以反映当前的期望。买方应该注意某个卖方的进度拖延,可能对其他卖方的工作造成连锁影响。

(4)成本基准。在项目交付期间,承包商的材料价格和人力价格可能随外部经济环境而频繁变动。这种变动需要反映到成本基准中。

13.3.3.3 项目文件更新

可在本过程更新的项目文件包括(但不限于):

(1)经验教训登记册。更新经验教训登记册,记录能有效维护采购工作的范围、进度和成本的技术。对于出现的偏差,经验教训登记册应该记录曾采取的纠正措施及其有效性。如果已经发生索赔,则应记录相关信息以避免重蹈覆辙,其他关于如何改善采购过程的信息也应记录在内。

(2) 资源需求。随着承包商的工作进展,可能因工作执行不符合原定计划而需要变更资源需求。

(3) 风险登记册。取决于卖方的组织、合同的持续时间、外部环境、项目交付方法、所选合同类型,以及最终商定的价格,每个被选中的卖方都会带来特殊的风险。随着早期风险的过时以及新风险的出现,在项目执行期间对风险登记册进行变更。

(4) 相关方登记册。随着执行阶段的工作进展,承包商和供应商可能发生变更,应该把承包商和供应商的变更情况记录在相关方登记册中。

13.3.3.4 支持性文件更新

作为控制采购过程的结果,需要更新的支持性文件包括(但不限于):

(1) 支付计划和请求。所有支付都应按合同条款和条件进行。

(2) 卖方绩效评估文件。卖方绩效评估文件由买方准备,用于记录卖方继续执行当前合同工作的能力,说明是否允许卖方承接未来的项目,或对卖方现在的项目执行工作或过去的执行工作进行评级。

(3) 预审合格卖方清单更新。预审合格卖方清单是以前已经通过资格审查(获得批准)的潜在卖方的清单。因为卖方可能因绩效不佳而被取消资格并从清单中删除,所以应该根据控制采购过程的结果来更新这个清单。

(4) 经验教训知识库。经验教训应该归档到经验教训知识库中,以改善未来项目的采购工作。在合同执行终了时,应把采购的实际成果与原始采购管理计划中的预期成果进行比较。应该在经验教训中说明项目目标是否达成;若未达成,则说明原因。

(5) 采购档案。应该准备好带索引的全套合同文档,包括已关闭的合同,并将其纳入最终的项目档案。

第 14 章

项目相关方管理

项目相关方管理包括用于开展下列工作的各个过程：识别能够影响项目或会受项目影响的人员、团体或组织，分析相关方对项目的期望和影响，制定合适的管理策略来有效调动相关方参与项目决策和执行。用这些过程分析相关方期望，评估他们对项目或受项目影响的程度，以及制定策略来有效引导相关方支持项目决策、规划和执行（图 14-1）。这些过程能够支持项目团队的工作。

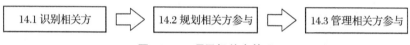

图 14-1 项目相关方管理

每个项目都有相关方会受到项目的积极或消极影响，同时又能对项目施加积极或消极的影响。有些相关方影响项目工作或成果的能力有限，而有些相关方可能对项目及其期望成果有重大影响。项目经理和团队正确识别并合理引导所有相关方参与的能力大小，能决定着项目的成败。为提高成功的可能性，应该在项目章程被批准、项目经理被委任，以及团队开始组建之后，尽早开始识别相关方并引导相关方参与。

相关方满意度应作为项目目标加以识别和管理。有效引导相关方参与的关键是重视与所有相关方保持持续沟通（包括团队成员），以理解他们的需求和期望、处理所发生的问题、管理利益冲突，并促进相关方参与项目决策和活动。

在小型项目或传统项目中，项目发起人通常是这类项目的主要相关方，是由资助项目的组织任命的。一直以来，发起人只需要与项目经理沟通，中小型项目尤其如此。现在，我们做的项目越来越复杂，需要发起人和整个项目团队

沟通。因此,项目发起人的角色被赋予了以下新的责任:

(1) 在项目过程中与整个项目团队保持紧密联系;

(2) 准备并签署项目章程;

(3) 确保项目经理在整个项目过程中都有做出决策的相应权力;

(4) 确保项目的优先级合适;

(5) 制定项目的商业目标和技术目标;

(6) 确保所有的截止日期都是可达到的;

(7) 在设计项目组织结构时提供帮助;

(8) 为项目制订应急资源计划;

(9) 陈述他们对项目经理和团队的期望;

(10) 制定项目范围变更流程。

相关方管理的一个复杂之处是在管理这些关系的同时,又不牺牲企业的长期使命和愿景。另外,企业可能有关于这类项目的长期目标,但这些目标不一定与项目目标或每个相关方的目标一致。一般而言,使所有的相关方都一致同意所有的决策比较困难,但相关方管理的目的就是要在特定时间满足尽可能多的相关方。

14.1 识别相关方

识别相关方是定期识别项目相关方,分析和记录他们的利益、参与度、相互依赖性、影响力和对项目成功的潜在影响的过程(图 14 - 2)。本过程的主要作用是使项目团队能够建立对每个相关方或相关方群体的适度关注。本过程应根据需要在整个项目期间定期开展。

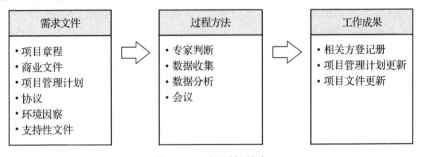

图 14 - 2　识别相关方

本过程通常在编制和批准项目章程之前或同时开展。本过程需在必要时重复开展,至少应在每个阶段开始时,以及项目或组织出现重大变化时重复开展。

14.1.1 识别相关方:需求文件

14.1.1.1 项目章程

项目章程会列出关键相关方清单,还可能包含与相关方职责有关的信息。

14.1.1.2 商业文件

在首次开展识别相关方过程时,商业文件和收益管理计划是项目相关方信息的来源。

(1)商业论证。商业论证确定项目目标,以及受项目影响的相关方的最初清单。

(2)收益管理计划。收益管理计划描述了如何实现商业论证中所述收益。它可能指出将从项目成果交付中获益并因此被视为相关方的个人及群体。

14.1.1.3 项目管理计划

在首次识别相关方时,项目管理计划并不存在;不过,一旦编制完成,项目管理计划组件包括(但不限于):

(1)沟通管理计划。沟通与相关方参与之间存在密切联系。沟通管理计划中的信息是了解项目相关方的主要依据。

(2)相关方参与计划。相关方参与计划确定了用于有效引导相关方参与的管理策略和措施。

14.1.1.4 协议

协议的各方都是项目相关方,还可涉及其他相关方。

14.1.1.5 环境因素

能够影响识别相关方过程的环境因素包括(但不限于):

(1)组织文化、政治氛围,以及治理框架;

(2)政府或行业标准(法规、产品标准和行为规范);

(3)当地的习俗;

(4)设施和资源的地理分布。

14.1.1.6 支持性文件

能够影响识别相关方过程的支持性文件包括(但不限于)：

(1) 相关方登记册模板和说明；

(2) 以往项目的相关方登记册；

(3) 经验教训知识库，包括与相关方偏好、行动和参与有关的信息。

14.1.2 识别相关方：过程方法

14.1.2.1 专家判断

应征求具备以下专业知识的个人或小组的意见：

(1) 理解组织内的政治和权力结构；

(2) 了解所在组织和其他受影响组织(包括客户及其他组织)的环境和文化；

(3) 了解项目所在行业或项目可交付成果类型；

(4) 了解个体团队成员的贡献和专长。

14.1.2.2 数据收集

适用于本过程的数据收集方法包括(但不限于)：

(1) 问卷和调查。问卷和调查可以包括一对一调查、焦点小组讨论，或其他大规模信息收集技术。

(2) 头脑风暴。一种通用的数据收集和创意技术，用于向小组征求意见，如团队成员或行业专家。

14.1.2.3 数据分析

适用于本过程的数据分析方法包括(但不限于)：

(1) 相关方分析。对于大型、复杂且有很多相关方的项目，项目经理想要满足所有相关方是不可能的。因此，项目经理必须知道哪些是最有影响力的相关方，哪些人可以为项目提供最大的支持。通常要问的问题包括：

① 谁有权力，谁没有权力；

② 谁将直接或间接地参与项目；

③ 谁有权力中止项目；

④ 项目可交付成果的紧急程度。

不是所有相关方都有相等的影响力、权力、权威来及时做出决策。项目经理迫切需要知道谁是最重要的。最后,必须牢记,相关方在项目生命周期中是变化的,特别是在长期项目中。同样,某些相关方的重要性在整个项目生命周期和每个生命周期阶段中也会变化。因此,相关方名单是一个随时变化的动态文件。

(2)文件分析。评估现有项目文件及以往项目的经验教训,以识别相关方和其他支持性信息。

14.1.2.4 会议

会议可用于在重要项目相关方之间达成谅解。既可以召开专题研讨会、小组讨论会,也可以通过电子或媒体技术进行虚拟小组讨论,分享想法和分析数据。

14.1.3 识别相关方:工作成果

14.1.3.1 相关方登记册

相关方登记册是识别相关方过程的主要成果。它记录关于已识别相关方的信息,包括(但不限于)以下内容:

(1)身份信息。姓名、组织职位、地点、联系方式,以及在项目中扮演的角色。

(2)评估信息。主要需求、期望、影响项目的潜力,以及最能影响的项目生命周期阶段。

(3)相关方分类。用内部或外部,作用、影响、权力或利益,上级、下级、外围或横向,或者项目经理选择的其他分类模型,进行分类的结果。

14.1.3.2 项目管理计划更新

可能需要变更的项目管理计划组件包括(但不限于):

(1)沟通管理计划。沟通管理计划记录相关方的沟通要求和已商定的沟通策略。

(2)风险管理计划。如果相关方的沟通要求和已商定的沟通策略会影响管理项目风险的方法,就应在风险管理计划中加以反映。

(3)相关方参与计划。相关方参与计划记录针对已识别相关方的商定的沟通策略。

14.1.3.3 项目文件更新

可在本过程更新的项目文件包括(但不限于):

(1) 假设日志。大量关于相对权力、利益和相关方参与度的信息,都是基于一定的假设条件的。应该在假设日志中记录这些假设条件。此外,还要在假设日志中记录会影响与具体相关方互动的各种制约因素。

(2) 问题日志。在本过程中产生的新问题应该记录到问题日志中。

(3) 风险登记册。风险登记册记录在本过程中识别并通过风险管理过程加以管理的新风险。

14.2 规划相关方参与

规划相关方参与是根据相关方的需求、期望、利益和对项目的潜在影响,制定项目相关方参与项目的方法的过程(图 14-3)。本过程的主要作用是提供与相关方进行有效互动的可行计划。本过程应根据需要在整个项目期间定期开展。

图 14-3　规划相关方参与

为满足项目相关方的多样性信息需求,应该在项目生命周期的早期制订一份有效的计划,然后,随着相关方的变化,定期审查和更新该计划。会触发该计划更新的典型情况包括(但不限于):

(1) 项目新阶段开始;

(2) 组织结构或行业内部发生变化;

(3) 新的个人或群体成为相关方,现有相关方不再是相关方的成员,或特定相关方对项目成功的重要性发生变化。

这些情况都可能导致已识别相关方的重要性发生变化。

14.2.1 规划相关方参与:需求文件

14.2.1.1 项目章程

项目章程包含与项目目的、目标和成功标准有关的信息,在规划如何引导相关方参与项目时应该考虑这些信息。

14.2.1.2 项目管理计划

项目管理计划组件包括(但不限于):

(1) 资源管理计划。资源管理计划可能包含关于团队成员及其他相关方的角色和职责的信息。

(2) 沟通管理计划。用于相关方管理的沟通策略以及用于实施策略的计划,会记录项目相关方管理的相关信息。

(3) 风险管理计划。风险管理计划可能包含风险临界值或相关方对风险的态度,有助于选择最佳的相关方参与策略。

14.2.1.3 项目文件

可用于本过程的项目文件(尤其在初始规划之后)包括(但不限于):

(1) 假设日志。假设日志中关于假设条件和制约因素的信息,可能与特定相关方相关联。

(2) 变更日志。变更日志记录了对原始项目范围的变更。变更通常与具体相关方相关联,因为相关方可能是变更请求的提出者、变更请求的审批者,或受变更实施影响者。

(3) 问题日志。为了管理和解决问题日志中的问题,需要与受影响的相关方进行额外沟通。

(4) 项目进度计划。进度计划中的活动可能需要与具体相关方相关联,即把特定相关方指定为活动责任人或执行者。

(5) 风险登记册。风险登记册包含项目的已识别风险,它通常会把这些风险与具体相关方相关联,即把特定相关方指定为风险责任人或受风险影响者。

(6) 相关方登记册。相关方登记册提供项目相关方的清单,以及分类情况和其他信息。

14.2.1.4 协议

在规划承包商及供应商参与时,通常涉及与组织内的采购小组和(或)合同签署小组开展合作,以确保对承包商和供应商进行有效管理。

14.2.1.5 环境因素

能够影响规划相关方参与的环境因素包括(但不限于):

(1) 组织文化、政治氛围,以及治理框架;

(2) 人事管理政策;

(3) 相关方风险偏好;

(4) 已确立的沟通渠道;

(5) 当地的习惯;

(6) 设施和资源的地理分布。

14.2.1.6 支持性文件

能够影响规划相关方参与过程的支持性文件包括(但不限于):

(1) 企业的社交媒体、道德和安全政策及程序;

(2) 企业的问题、风险、变更和数据管理政策及程序;

(3) 组织对沟通的要求;

(4) 制作、交换、储存和检索信息的标准化指南;

(5) 经验教训知识库;

(6) 相关方参与所需的软件工具。

14.2.2 规划相关方参与:过程方法

14.2.2.1 专家判断

应征求具备以下专业知识的个人或小组的意见:

(1) 组织内部及外部的政治和权力结构;

(2) 组织及组织外部的环境和文化;

(3) 相关方参与过程使用的分析和评估技术;

(4) 沟通手段和策略;

(5) 来自以往项目的关于相关方、相关方群体及相关方组织(他们可能参与过以往的类似项目)的特征的知识。

14.2.2.2 数据收集

适用于本过程的数据收集技术包括(但不限于)标杆对照。将相关方分析的结果与其他被视为标杆的组织或项目的信息进行比较。

14.2.2.3 数据分析

适用于本过程的数据分析方法包括(但不限于)：

（1）假设条件和制约因素分析。可能需要分析当前的假设条件和制约因素，以合理制定相关方参与策略。

（2）根本原因分析。开展根本原因分析，识别是什么根本原因导致了相关方对项目的某种支持水平，以便选择适当策略来提高其参与水平。

14.2.2.4 会议

会议用于讨论与分析规划相关方参与过程所需的基础数据，以便制订良好的相关方参与计划。

14.2.3 规划相关方参与：工作成果

14.2.3.1 相关方参与计划

相关方参与计划是项目管理计划的组成部分。它确定用于促进相关方有效参与决策和执行的策略和行动。基于项目的需要和相关方的期望，相关方参与计划可以是非常详细或高度概括的。

尽管相关方参与在相关方识别之后，经常是通过相关方参与我们才能弄清哪些相关方是支持者、倡导者、中立者或反对者。在相关方参与的过程中，我们必须尽早弄清他们的需求和期望，包括(但不限于)：

（1）理解他们和他们的期望；

（2）理解他们的需求；

（3）评估他们的意见；

（4）找到获得他们持续支持的方法；

（5）在早期识别出会对项目产生影响的相关方问题。

相关方参与计划可包括(但不限于)调动个人或相关方参与的特定策略或方法。

14.3 管理相关方参与

管理相关方参与是与相关方进行沟通和协作以满足其需求与期望、处理问题,并促进相关方合理参与的过程(图14-4)。本过程的主要作用是,让项目经理能够提高相关方的支持,并尽可能降低相关方的抵制。本过程需要在整个项目期间开展。

图14-4 管理相关方参与

在管理相关方参与过程中,需要开展多项活动,例如:

(1)在适当的项目阶段引导相关方参与,以便获取或维持他们对项目成功的持续承诺;

(2)通过谈判和沟通管理相关方期望;

(3)处理与相关方管理有关的任何风险点,预测可能在未来引发的问题;

(4)澄清和解决已识别的问题。

管理相关方参与有助于确保相关方明确了解项目目标、收益和风险,以及他们将如何促进项目成功。

14.3.1 管理相关方参与:需求文件

14.3.1.1 项目管理计划

可用于本过程的项目管理计划组件包括(但不限于):

(1)资源管理计划。资源管理计划确定了对团队成员的管理方法。

(2)沟通管理计划。沟通管理计划描述与相关方沟通的方法和策略。

(3)风险管理计划。风险管理计划描述了风险类别、风险偏好和报告格式。这些内容都可用于管理相关方参与。

(4)相关方参与计划。相关方参与计划为管理相关方期望提供指导和信息。

(5)变更管理计划。变更管理计划描述了提交、评估和执行项目变更的过程。

14.3.1.2 项目文件

可用于本过程的项目文件包括(但不限于):

(1)变更日志。变更日志会记录变更请求及其状态,并将其传递给适当的相关方。

(2)问题日志。问题日志会记录项目或相关方的关注点,以及关于处理问题的行动方案。

(3)经验教训登记册。在项目早期获取的与管理相关方参与有关的经验教训,可用于项目后期阶段,以提高引导相关方参与的效率和效果。

(4)相关方登记册。相关方登记册提供项目相关方清单,以及执行相关方参与计划所需的任何信息。

(5)项目沟通记录。根据沟通管理计划和相关方参与计划而与相关方开展的项目沟通,都已包括在项目沟通记录中。

(6)风险登记册。风险登记册记录了与相关方参与及互动有关的风险、它们的分类,以及潜在的应对措施。

14.3.1.3 环境因素

能够影响管理相关方参与的环境因素包括(但不限于):

(1)组织文化、政治氛围,以及组织的治理结构;

(2)人事管理政策;

(3)相关方风险临界值;

(4)已确立的沟通渠道;

(5)当地的习惯;

(6)设施和资源的地理分布。

14.3.1.4 支持性文件

能够影响管理相关方参与过程的支持性文件包括(但不限于):

(1)企业的社交媒体、道德和安全政策及程序;

(2)企业的问题、风险、变更和数据管理政策及程序;

（3）组织对沟通的要求；

（4）制作、交换、储存和检索信息的标准化指南；

（5）以往类似项目的历史信息。

14.3.2 管理相关方参与：过程方法

14.3.2.1 专家判断

应征求具备以下专业知识的个人或小组的意见：

（1）组织内部及外部的政治和权力结构；

（2）组织及组织外部的环境和文化；

（3）沟通方法和策略；

（4）可能参与过以往类似项目的相关方；

（5）需求管理、供应商管理和变更管理。

14.3.2.2 沟通技能

适用于本过程的沟通技能包括（但不限于）：

（1）演示。演示为相关方提供清晰的信息。

（2）反馈。反馈用于确保发送给相关方的信息被接收和理解。项目管理团队应该使用反馈机制，来了解相关方对各种项目管理活动和关键决策的反应。反馈的收集方式包括（但不限于）：

① 正式与非正式对话；

② 问题识别和讨论；

③ 会议；

④ 进展报告；

⑤ 调查。

14.3.2.3 团队技能

适用于本过程的团队技能包括（但不限于）：

（1）积极倾听。通过积极倾听，减少理解错误和沟通错误。

（2）文化意识。文化意识和文化敏感性有助于项目经理依据相关方和团队成员的文化差异和文化需求对沟通进行规划、管理。

（3）领导力。成功的相关方参与，需要强有力的领导技能，以传递愿景并激励相关方支持项目工作和成果。

（4）冲突管理。项目经理应确保及时解决冲突。

（5）谈判。谈判用于获得支持或达成关于支持项目工作或成果的协议，并解决团队内部或团队与其他相关方之间的冲突。

（6）观察和交谈。通过观察和交谈，及时了解项目团队成员和其他相关方的工作和态度。

（7）政治意识。政治意识有助于理解组织战略，理解谁能行使权力和施加影响，以及培养与这些相关方沟通的能力。

成功的相关方管理还必须考虑另三个关键因素：

（1）有效的相关方管理需要时间。有必要与项目发起人、高级管理层和项目团队成员共担责任。

（2）基于相关方的数量，面对面地沟通是不可能的，必须借助互联网的力量增强沟通能力，这在管理虚拟团队时也非常重要。

（3）不管相关方数量有多少，与相关方工作关系的文件必须存档。这对未来项目的成功很关键。

14.3.2.4 会议

会议用于讨论和处理任何与相关方参与有关的问题或关注点。在本过程中需要召开的会议类型包括(但不限于)：

（1）决策；

（2）问题解决；

（3）经验教训和回顾总结；

（4）项目开工；

（5）状态更新。

14.3.3 管理相关方参与：工作成果

14.3.3.1 变更请求

作为管理相关方参与的结果，项目范围或产品范围可能需要变更。变更请求还可能包括用于改善相关方当前参与水平的纠正及预防措施。

14.3.3.2 项目管理计划更新

可能需要变更的项目管理计划组件包括(但不限于)：

（1）资源管理计划。可能需要更新团队对引导相关方参与的职责。

（2）沟通管理计划。需要更新沟通管理计划，以反映新的或已变更的相关方需求。

（3）相关方参与计划。需要更新相关方参与计划，以反映为有效引导相关方参与所需的新的或更改的管理策略。

14.3.3.3　项目文件更新

可在本过程更新的项目文件包括（但不限于）：

（1）变更日志。根据变更请求更新变更日志。

（2）问题日志。可能需要更新问题日志中与相关方态度有关的信息。

（3）经验教训登记册。更新经验教训登记册，记录管理相关方参与的有效或无效方法，以供当前或未来项目借鉴。

（4）相关方登记册。可能需要基于提供给相关方的关于问题解决、变更审批和项目状态的新信息，来更新相关方的登记册。

（5）风险登记册。可能需要更新风险登记册，以记录相关方风险应对措施。

有时，不管我们如何努力去尝试，相关方管理还是会失败。典型的原因如下：

（1）过早地邀请相关方参与，导致频繁的范围变更和支付不必要的工期延误成本。

（2）邀请相关方参与太晚，如果采纳他们的建议，工期延误成本更高。

（3）邀请错误的相关方参与重大决定，因而导致不必要的变更和关键相关方的批评。

（4）关键相关方对项目失去了兴趣。

（5）关键相关方对项目没有进展失去了耐心。

（6）用不道德的领导风格管理项目或用不道德的方式与相关方接触。

第 15 章
职业健康、安全与环境管理

在目前的工程项目管理中,对安全的强调已经逐渐被健康、安全和环保这种综合管理所代替,即通过有效的管理把项目本身的危险、对社会的危害、对环境的破坏降到最低点。职业健康安全与环境管理,就是在项目建设过程中,采用过程控制的方法,最大限度地节约资源,减少能源消耗,提高能源利用率,减少施工活动对环境造成的不利影响,提高施工人员的职业健康安全水平,保护施工人员的安全与健康。

健康、安全与环境管理体系——Health, Safety and Environment Management System,简称 HSE。这种体系为组织提出了这样一种管理模式,即事前进行风险分析,确定自身活动可能发生的危害和后果,从而采取有效防范手段和控制措施,以减少可能引起的人员伤害、财产损失和环境污染(图 15-1)。HSE 突出预防为主、领导承诺、全员参与、持续改进,强调自我约束、自我完善、自我激励。

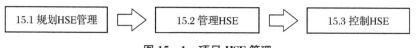

图 15-1 项目 HSE 管理

每一个项目都独立建立一套自己的 HSE 管理体系显然是不经济、不现实的,也是时间和资源所不允许的。组织可以根据自身开发项目的共同点,编制组织的 HES 管理体系文件以及项目管理团队贯彻 HSE 管理体系的模板,然后再针对具体项目特点从中选择相关部分组成项目的 HSE 管理手册,以便于管理和实施具体项目中的 HSE。

HSE 管理体系的一般要素包括:

(1) 领导承诺、方针目标和责任。组织最高领导自上而下的承诺,并建立HSE 保障体系;制定方针目标并管理,建立 HSE 管理体系的指导思想;建立组织机构,明确不同部门、不同岗位、不同工种的责任。

(2) 组织机构、职责、资源和文件管理。建立 HSE 管理机构,明确职责、权限和隶属关系;合理配置人力、财力和物力资源,广泛开展培训,提高全员的意识和技能;为保证 HSE 管理体系正常运转,要形成完整的、适宜的、有效的文件控制。

(3) 风险评价和隐患治理。明确评价对象,建立评价方法和程序,确定危害和事故的影响因素,选择判别标准,做好记录,建立详细目标和量化指标;对生产过程中存在的隐患开展评估和治理。

(4) 承包商和供应商的安全、健康与环境体系管理要求。

(5) 装置(设施)的设计和建设。

(6) HSE 管理体系的运行和维护。

(7) 变更管理和应急管理。

(8) HSE 管理体系的检查和监督。

(9) 事故处理和预防。

(10) 体系的审核、评审和持续改进。

15.1 规划 HSE 管理

规划 HSE 管理是通过事前对工程项目可能在健康、安全和环境等方面带来危害的因素,运用系统分析的方法进行全方位的风险识别和危害评估,确定可能发生的危害和在健康、安全和环境等方面产生的后果,采取系统化的预防管理机制和控制措施消除各类事故、环境和健康隐患的发生,减少可能引起的人员伤害、财产损失和环境污染,从而达到改善安全、健康和环境业绩的目的(图 15-2)。本过程的主要作用是为在整个项目期间如何管理 HSE 提供指南和方向。

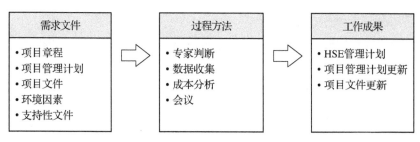

图 15-2 规划 HSE 管理

15.1.1 规划 HSE 管理：需求文件

15.1.1.1 项目章程

项目章程中包含对项目和产品特征的描述，还包括可以影响项目 HSE 管理的项目审批要求、可测量的项目目标和相关的成功标准。

15.1.1.2 项目管理计划

可用于本过程的项目管理计划组件包括（但不限于）：

（1）需求管理计划。需求管理计划提供了识别、分析和管理需求的方法，以供 HSE 管理计划借鉴。

（2）风险管理计划。风险管理计划提供了识别、分析和监督风险的方法。将风险管理计划和 HSE 管理计划的信息相结合，有助于成功交付产品和项目。

（3）相关方参与计划。相关方参与计划提供了记录相关方需求和期望的方法，为 HSE 管理奠定了基础。

（4）范围基准。在确定适用于项目的 HSE 标准和目标时，需要考虑 WBS 和项目范围说明书中记录的可交付成果。范围说明书包含可交付成果的验收标准。该标准的界定可能导致增加 HSE 成本并进而导致项目成本的显著升高或降低。满足所有的验收标准意味着满足相关方的需求。

15.1.1.3 项目文件

可用于本过程的项目文件包括（但不限于）：

（1）假设日志。假设日志记录与 HSE 要求和标准合规性有关的所有假设条件和制约因素。

（2）需求文件。需求文件记录项目和产品为满足相关方的期望应达到的要求，它包括（但不限于）针对项目和产品的 HSE 要求。这些需求有助于项目团队规划将如何实施项目 HSE 控制。

（3）风险登记册。风险登记册包含可能影响 HSE 要求的各种威胁和机会的信息。

（4）相关方登记册。相关方登记册有助于识别对 HSE 有特别影响的相关方，尤其注重监管机构、客户和项目发起人的需求和期望。

15.1.1.4　环境因素

能够影响规划 HSE 管理过程的环境因素包括（但不限于）：

（1）政府法规；

（2）特定应用领域的相关规则、标准和指南；

（3）项目区位；

（4）组织结构；

（5）市场条件；

（6）项目或可交付成果的工作条件或运行条件；

（7）文化观念。

15.1.1.5　支持性文件

能够影响规划 HSE 管理过程的支持性文件包括（但不限于）：

（1）组织的 HSE 管理体系，包括政策、程序及指南；

（2）HSE 管理模板，例如检查表；

（3）历史数据库和经验教训知识库。

15.1.2　规划 HSE 管理：过程方法

15.1.2.1　专家判断

应征求具备以下专业知识的个人或小组的意见：

（1）HSE 保证；

（2）HSE 控制；

（3）HSE 检查结果；

（4）HSE 改进；

（5）HSE 体系。

15.1.2.2　数据收集

适用于本过程的数据收集方法包括（但不限于）：

(1)现场巡检。按照事前拟定的检查表的内容,逐条对项目现场进行定期或不定期的检查,以得到第一手的信息。

(2)标杆对照。标杆对照是将实际或计划的项目的 HSE 标准与可比项目的标准进行比较,以便形成改进意见,并为绩效考核提供依据。作为标杆的项目可以来自执行组织内部或外部,标杆对照也允许用不同应用领域或行业的项目做类比。

(3)头脑风暴。通过头脑风暴可以向团队成员或行业专家收集数据,以制订最适合新项目的 HSE 管理计划。

(4)访谈。对有经验的项目参与者、相关方和行业专家开展访谈,有助于了解他们对项目 HSE 的需求和期望。应在信任和保密的环境下开展访谈,以获得真实可信、不带偏见的反馈。

15.1.2.3 成本分析

适用于本过程的 HSE 成本包含以下一种或多种成本:

(1)预防成本。预防项目不发生健康、安全与环境事件,或为维持项目处于正常运行状态所带来的相关成本。

(2)评估成本。评估和测试处置某项突发事件所带来的相关成本。

(3)失败成本。因项目发生 HSE 不达标、监管机构处罚、安全事故等而导致的相关成本。

15.1.2.4 会议

项目团队可以召开规划会议来制订 HSE 管理计划。参会者可能包括项目经理、项目发起人、选定的项目团队成员、选定的相关方、项目 HSE 管理活动的负责人,以及其他必要人员。

15.1.3 规划 HSE 管理:工作成果

15.1.3.1 HSE 管理计划

HSE 管理计划是项目管理计划的组成部分,描述如何实施适用的政策、程序和指南以实现 HSE 目标。它描述了项目管理团队为实现一系列项目 HSE 目标所需的活动和资源。HSE 管理计划可以是非常详细或高度概括的,其详细程度取决于项目的复杂程度和具体需要。应该在项目早期就对 HSE 管理计划进行评审,这样做的好处是能更多地关注项目的风险定位,降低因风险的发生而造成的成本超支和进度延误。

HSE 管理计划包括(但不限于)以下组成部分：

(1) 项目采用的 HSE 标准；

(2) 项目的 HSE 目标；

(3) 为项目规划的 HSE 控制和 HSE 管理活动；

(4) 项目的 HSE 资源需求；

(5) 项目的 HSE 组织架构；

(6) HSE 角色与职责；

(7) 与项目 HSE 管理有关的主要程序，例如处理安全事件的程序、应急措施程序，以及持续改进程序。

(8) 紧急救助电话。

项目的所有成员，包括项目发起人、客户、咨询机构、服务商、承包商、供应商和分包商，都应努力保护人员、财产和环境的安全，防止任何的伤害和意外事故。所有参建人员应作为一个项目的整体协同工作，在涉及工地安全、健康与环保等领域的各个方面都应小心行事，以确保项目能够圆满完成。

涉及项目的每一位人员都应接受有关培训，以培养良好的安全意识和专心、谨慎、负责的工作态度，最终实现项目的"零事故""零污染""零火灾"目标。

项目 HSE 管理的具体目标一般包括(但不限于)：

(1) 死亡事故为零；

(2) 火灾事故为零；

(3) 车辆交通事故为零；

(4) 环境污染事故为零；

(5) 传染疾病事故为零。

项目经理应将上述目标要求向所有参建单位进行明确，并与项目的其他目标(如质量目标、进度目标)一同作为合同内容，在相应的条款中列明。

15.1.3.2　项目管理计划更新

可能需要变更请求的项目管理计划组成部分包括(但不限于)：

(1) 风险管理计划。在确定 HSE 管理方法时可能需要更改已商定的项目风险管理方法，这些变更会记录在风险管理计划中。

(2) 范围基准。如果需要增加特定的 HSE 管理活动，范围基准可能因本过程而变更。WBS 词典记录的 HSE 要求可能需要更新。

15.1.3.3 项目文件更新

可在本过程更新的项目文件包括(但不限于)：

（1）经验教训登记册。在 HSE 规划过程中遇到的挑战需要更新在经验教训登记册中。

（2）风险登记册。在本过程中识别的新风险记录在风险登记册中,并通过风险管理过程进行管理。

（3）相关方登记册。如果在本过程中收集到有关现有或新相关方的其他信息,则记录到相关方登记册中。

15.2 管理 HSE

管理 HSE 是把组织的 HSE 政策用于项目,并将 HSE 管理计划转化为可执行的活动的过程(图 15-3)。本过程的主要作用是提高实现 HSE 目标的可能性,以及识别无效过程和导致风险发生的原因。本过程需要在整个项目期间开展。

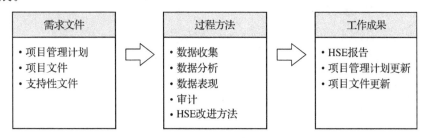

图 15-3 管理 HSE

项目的 HSE 管理是运用系统分析的方法进行全方位的风险识别和危害评估。通过事前对工程项目可能在健康、安全和环境等方面带来危害的因素进行分析,评估可能发生的危害和在健康、安全和环境等方面产生的后果,并采取系统化的预防管理机制和控制措施消除各类事故、杜绝环境和健康隐患的发生,减少可能引起的人员伤害、财产损失和环境污染,从而达到改善安全、健康和环境业绩的目的。

15.2.1 管理HSE:需求文件

15.2.1.1 项目管理计划

项目管理计划组件包括(但不限于)HSE管理计划。HSE管理计划定义了项目HSE目标的可接受水平,并描述了如何确保管理过程达到这一水平。HSE管理计划还描述了危害发生的处理方式以及需采取的纠正措施。

15.2.1.2 项目文件

可作为本过程需求的项目文件包括(但不限于):

(1)经验教训登记册。项目早期与HSE管理有关的经验教训,可以运用到项目后期阶段,以提高HSE管理的效率与效果。

(2)过程检查记录。HSE过程检查结果用于分析和评估项目过程是否符合组织的标准或特定要求。过程检查结果也有助于分析这些结果的产生原因,并用作改进举措的依据。

(3)风险报告。管理HSE过程中使用风险报告识别项目风险的来源,这些因素能够影响项目的HSE目标。

15.2.1.3 支持性文件

能够影响管理HSE过程的支持性文件包括(但不限于):

(1)包括政策、程序及指南的组织HSE管理体系;

(2)HSE模板,例如检查表;

(3)以往审计的结果;

(4)包含类似项目信息的经验教训知识库。

15.2.2 管理HSE:过程方法

15.2.2.1 数据收集

适用于本过程的数据收集技术包括(但不限于)核对单。核对单用来核实所要求的一系列步骤是否已得到执行,核对单可简可繁,许多组织都有标准化的核对单。HSE核对单应该涵盖在范围基准中定义的验收标准。

15.2.2.2 数据分析

适用于本过程的数据分析方法包括(但不限于):

（1）备选方案分析。该技术用于评估已识别的可选方案，以选择那些最合适的 HSE 方案或方法。

（2）文件分析。分析项目控制过程的不同文件，如安全报告、环境报告、测试报告、绩效报告和偏差分析，可以重点指出可能超出控制范围之外并对健康、安全和环境产生影响的过程。

（3）过程分析。过程分析可以识别过程改进机会，同时检查在过程期间遇到的问题、制约因素，以及非增值活动。

15.2.2.3 数据表现

适用于本过程的数据表现方法包括（但不限于）：

（1）因果图。因果图，又称"鱼骨图"，将问题陈述的原因分解为离散的分支，有助于识别问题的主要原因或根本原因。

（2）流程图。流程图展示了引发危害的一系列步骤。

（3）散点图。散点图是一种展示两个变量之间关系的图形，它能够展示两支轴的关系，一支轴表示过程、环境或活动的任何要素，另一支轴表示危害或风险。

15.2.2.4 审计

审计是用于确定项目活动是否遵循了组织和项目的政策、过程与程序的独立过程。HSE 审计通常由项目外部的团队开展，HSE 审计目标可能包括（但不限于）：

（1）识别全部正在实施的 HSE 管理过程；

（2）识别所有违规做法、差距及不足；

（3）分享所在组织和（或）行业中类似项目的良好实践；

（4）积极、主动地提供协助，改进过程的执行，从而帮助团队提高生产效率；

（5）每次审计都应对组织经验教训知识库的积累作出贡献。

采取后续措施纠正问题，可以降低 HSE 成本，并提高发起人或客户对项目产品的接受度。HSE 审计还可确认已批准的变更请求（包括更新、纠正措施、补救和预防措施）的实施情况。

15.2.2.5 HSE 改进方法

HSE 改进的开展，可基于 HSE 控制过程的发现和建议、HSE 审计的发现。"计划—实施—检查—行动"是最常用的 HSE 改进工具。

15.2.3 管理 HSE:工作成果

15.2.3.1 HSE 报告

HSE 报告可能是图形、数据列表或定性描述文件。报告的信息可以包含团队上报的 HSE 管理问题,针对过程、项目和产品的改善建议,纠正措施建议(包括改正、缺陷/漏洞补救、100%检查、应急预案等),以及在检查过程中发现的情况概述。

15.2.3.2 项目管理计划更新

可能需要更新的项目管理计划组成部分包括(但不限于):

(1) HSE 管理计划。可能需要根据实际结果修改已商定的 HSE 管理方法。

(2) 范围基准。范围基准可能因特定的 HSE 管理活动而变更。

(3) 进度基准。进度基准可能因特定的 HSE 管理活动而变更。

(4) 成本基准。成本基准可能因特定的 HSE 管理活动而变更。

15.2.3.3 项目文件更新

可在本过程更新的项目文件包括(但不限于):

(1) 问题日志。在本过程中提出的新问题记录到问题日志中。

(2) 经验教训登记册。项目中遇到的挑战、本应可以规避这些挑战的方法,以及良好的 HSE 管理方式,需要记录在经验教训登记册中。

(3) 风险登记册。在本过程中识别的新风险记录在风险登记册中,并通过风险管理过程进行管理。

15.3 控制 HSE

控制 HSE 是为了评估绩效,而监督和记录 HSE 管理活动执行结果的过程(图 15-4)。本过程的主要作用是核实项目工作已经达到项目的 HSE 目标要求,并满足所有适用标准、要求、法规和规范,可供过程检查及最终验收。本过程需要在整个项目期间开展。

图 15-4 控制 HSE

15.3.1 控制 HSE：需求文件

15.3.1.1 项目管理计划

项目管理计划组件包括（但不限于）HSE 管理计划。HSE 管理计划定义了如何在项目中开展 HSE 控制。

15.3.1.2 项目文件

可用于本过程的项目文件包括（但不限于）：

（1）经验教训登记册。在项目早期获得的经验教训可以运用到后期阶段，以改进 HSE 控制。

（2）过程检查记录。HSE 过程检查结果用于分析和评估项目过程是否符合组织的标准或特定要求。过程检查结果也有助于分析这些结果的产生原因，并用作改进举措的依据。

（3）风险报告。管理 HSE 过程使用风险报告识别项目风险的来源，这些因素能够影响项目的 HSE 目标。

15.3.1.3 环境因素

能够影响控制 HSE 过程的环境因素包括（但不限于）：

（1）项目的地理位置及周边环境；

（2）政府法规；

（3）特定区域的相关规则、规定和要求。

15.3.1.4 支持性文件

能够影响控制 HSE 过程的支持性文件包括（但不限于）：

（1）HSE 标准和政策；

（2）HSE 模板，例如核查表、核对单等；

（3）问题与缺陷报告程序及沟通政策。

15.3.2 控制 HSE：过程方法

15.3.2.1 数据收集

适用于本过程的数据收集方法包括(但不限于)：

(1)核查表。又称检查表,用于合理排列各种检查事项,以便有效地收集关于潜在 HSE 问题的有用数据。

(2)统计抽样。统计抽样是指从目标总体中选取部分样本用于检查(如从进场教育记录中随机抽取若干张)。样本用于检查管理 HSE 的质量,抽样的频率和规模应在规划 HSE 管理过程中确定。

15.3.2.2 数据分析

适用于本过程的数据分析技术包括(但不限于)：

(1)绩效审查。绩效审查针对实际结果,比较和分析规划 HSE 管理过程中定义的检查标准。

(2)根本原因分析。根本原因分析用于识别不合格项的成因。

15.3.2.3 会议

以下会议可作为控制 HSE 过程的一部分：

(1)审查已发现的问题。对所有已发现的问题进行审查,以核实它们是否已按批准的方式实施,确认是否已完成整改。

(2)回顾经验教训。项目团队举行的会议,旨在讨论以下问题：

① 项目(阶段)的成功要素；

② 待改进之处。

15.3.3 控制 HSE：工作成果

15.3.3.1 HSE 控制结果

控制 HSE 的结果是对 HSE 控制活动结果的书面记录,应以 HSE 管理计划所确定的格式加以记录。

15.3.3.2 项目管理计划更新

可能需要更新的项目管理计划组成部分包括(但不限于)HSE 管理计划。

15.3.3.3 项目文件更新

可在本过程更新的项目文件包括(但不限于)：

(1) 问题日志。多次不符合 HSE 要求的事项通常被记录为问题。

(2) 经验教训登记册。HSE 缺陷的来源、本应可以规避它们的方法，以及有效的处理方式，都应该记录到经验教训登记册中。

(3) 风险登记册。在本过程中识别的新风险都应记录在风险登记册中，并通过风险管理过程进行管理。

最后需要指出的是，一个项目的成功并不意味着整个公司在项目管理上就取得了成功。项目管理成功是指连续取得不同项目的成功。因为，任何单一项目在正式授权和强大的行政干预下，都可能被带向成功。连续的项目成功则需要公司对项目管理理念有一个强有力的认可，而且这种认可必须是显而易见的。

附 录

项目管理文件列表

项目管理知识领域	管理过程	项目文件		
		需求文件	过程方法	工作成果
项目规划管理	制定项目章程	• 可行性研究报告 • 协议 • 环境因素 • 支持性文件	• 专家判断 • 数据收集 • 项目管理信息系统 • 会议	• 项目章程 • 假设日志
	制订项目管理计划	• 项目章程 • 环境因素 • 支持性文件	• 专家判断 • 数据收集 • 团队技能 • 启动会	• 项目管理计划
	监控项目工作	• 项目管理计划 • 项目文件 • 工作绩效信息 • 协议 • 环境因素 • 支持性文件	• 专家判断 • 数据分析 • 会议	• 工作绩效报告 • 变更请求 • 项目管理计划更新 • 项目文件更新
	结束项目或阶段	• 项目章程 • 项目管理计划 • 项目文件 • 可交付成果 • 采购文档 • 支持性文件	• 专家判断 • 数据分析 • 会议	• 项目文件更新 • 项目移交 • 最终报告

续表

项目管理知识领域	管理过程	项目文件		
		需求文件	过程方法	工作成果
项目范围管理	规划范围管理	• 项目章程 • 项目管理计划 • 环境因素 • 支持性文件	• 专家判断 • 数据分析 • 会议	• 范围管理计划
	定义范围	• 项目章程 • 项目管理计划 • 项目文件 • 环境因素 • 支持性文件	• 专家判断 • 数据分析 • 产品分析	• 项目范围说明书
	创建WBS	• 项目管理计划 • 项目文件 • 环境因素 • 支持性文件	• 专家判断 • 分解	• 范围基准
	控制范围	• 项目管理计划 • 项目文件 • 核实的可交付成果 • 支持性文件	• 检查 • 原因分析 • 数据分析	• 变更请求 • 项目管理计划更新 • 项目文件更新
项目进度管理	规划进度管理	• 项目章程 • 项目管理计划 • 环境因素 • 支持性文件	• 专家判断 • 数据分析 • 会议	• 进度管理计划
	制订进度计划	• 项目管理计划 • 项目文件 • 环境因素 • 支持性文件	• 专家判断 • 紧前关系绘图法 • 确定和整合依赖关系 • 类比估算 • 参数估算 • 三点估算 • 自下而上估算 • 关键路径法 • 进度压缩	• 活动清单 • 里程碑清单 • 项目进度网络图 • 进度基准 • 估算依据 • 项目进度计划 • 项目日历 • 项目管理计划更新 • 项目文件更新

243

续表

项目管理知识领域	管理过程	项目文件		
		需求文件	过程方法	工作成果
项目进度管理	控制进度	• 项目管理计划 • 项目文件 • 工作绩效数据 • 支持性文件	• 数据分析 • 关键路径法 • 进度压缩	• 工作绩效信息 • 进度预测 • 项目管理计划更新 • 项目文件更新
项目成本管理	规划成本管理	• 项目章程 • 项目管理计划 • 环境因素 • 支持性文件	• 专家判断 • 会议	• 成本管理计划
	估算成本	• 项目管理计划 • 项目文件 • 环境因素 • 支持性文件	• 专家判断 • 类比估算 • 参数估算 • 自下而上估算 • 三点估算	• 成本估算 • 估算依据 • 项目文件更新
	制定预算	• 项目管理计划 • 项目文件 • 协议 • 支持性文件	• 专家判断 • 成本汇总 • 资金平衡 • 融资	• 成本基准 • 项目资金需求 • 项目文件更新
	控制成本	• 项目管理计划 • 项目文件 • 项目资金需求 • 工作绩效数据 • 支持性文件	• 专家判断 • 数据分析	• 成本预测 • 变更请求 • 项目管理计划更新 • 项目文件更新
项目质量管理	规划质量管理	• 项目章程 • 项目管理计划 • 项目文件 • 环境因素 • 支持性文件	• 专家判断 • 数据收集 • 数据分析 • 会议	• 质量管理计划 • 项目管理计划更新 • 项目文件更新
	管理质量	• 项目管理计划 • 项目文件 • 支持性文件	• 数据收集 • 数据分析 • 数据表现 • 审计 • 质量改进方法	• 质量报告 • 变更请求 • 项目管理计划更新 • 项目文件更新

续表

项目管理 知识领域	管理 过程	项目文件		
		需求文件	过程方法	工作成果
项目质量管理	控制质量	• 项目管理计划 • 项目文件 • 批准的变更请求 • 工作绩效数据 • 环境因素 • 支持性文件	• 数据收集 • 数据分析 • 数据表现 • 会议	• 质量控制测量结果 • 核实的可交付成果 • 项目管理计划更新 • 项目文件更新
项目资源管理	规划资源管理	• 项目章程 • 项目管理计划 • 项目文件 • 环境因素 • 支持性文件	• 专家判断 • 数据表现 • 会议	• 资源管理计划 • 团队章程
	管理资源	• 项目管理计划 • 项目文件 • 环境因素 • 支持性文件	• 专家判断 • 类比估算 • 会议 • 谈判 • 认可与奖励	• 资源需求 • 估算依据 • 资源分解结构 • 实物资源分配单 • 团队绩效评价
	控制资源	• 项目管理计划 • 项目文件 • 支持性文件	• 数据分析 • 问题解决 • 团队技能	• 工作绩效信息 • 项目管理计划更新 • 项目文件更新
项目沟通管理	规划沟通管理	• 项目章程 • 项目管理计划 • 项目文件 • 环境因素 • 支持性文件	• 专家判断 • 沟通需求分析 • 沟通方法 • 会议	• 沟通管理计划 • 项目管理计划更新 • 项目文件更新
	管理沟通	• 项目管理计划 • 项目文件 • 工作绩效报告 • 环境因素 • 支持性文件	• 沟通方法 • 项目管理信息系统 • 团队技能	• 项目沟通记录 • 项目管理计划更新 • 项目文件更新

245

续表

项目管理知识领域	管理过程	项目文件		
		需求文件	过程方法	工作成果
项目沟通管理	监督沟通	• 项目管理计划 • 项目文件 • 环境因素 • 支持性文件	• 专家判断 • 项目管理信息系统 • 团队技能 • 会议	• 工作绩效信息 • 变更请求 • 项目管理计划更新 • 项目文件更新
项目风险管理	规划风险管理	• 项目章程 • 项目管理计划 • 项目文件 • 环境因素 • 支持性文件	• 专家判断 • 威胁应对策略 • 应急应对策略 • 数据分析 • 会议	• 风险管理计划 • 项目管理计划更新 • 项目文件更新
	识别风险	• 项目管理计划 • 项目文件 • 采购文档 • 环境因素 • 支持性文件	• 专家判断 • 数据收集 • 数据分析 • 风险分类 • 会议	• 风险登记册 • 风险报告 • 项目文件更新
	实施风险应对	• 项目管理计划 • 项目文件 • 工作绩效数据 • 支持性文件	• 专家判断 • 审计 • 项目管理信息系统	• 工作绩效信息 • 变更请求 • 项目文件更新
项目采购管理	规划采购管理	• 项目章程 • 商业文件 • 项目管理计划 • 项目文件 • 环境因素 • 支持性文件	• 专家判断 • 数据收集 • 数据分析 • 供方选择分析	• 采购管理计划 • 招标文件 • 供方选择标准 • 项目文件更新
	实施采购	• 项目管理计划 • 项目文件 • 采购文档 • 卖方建议书 • 环境因素 • 支持性文件	• 专家判断 • 采购公告 • 投标人会议 • 数据分析 • 团队技能	• 选定的卖方 • 协议 • 项目管理计划更新 • 项目文件更新

续表

项目管理知识领域	管理过程	项目文件		
		需求文件	过程方法	工作成果
项目采购管理	控制采购	• 项目管理计划 • 项目文件 • 采购文档 • 批准的变更请求 • 环境因素	• 专家判断 • 索赔管理 • 数据分析 • 检查	• 合同终止 • 项目管理计划更新 • 项目文件更新 • 支持性文件更新
项目相关方管理	识别相关方	• 项目章程 • 商业文件 • 项目管理计划 • 协议 • 环境因素 • 支持性文件	• 专家判断 • 数据收集 • 数据分析 • 会议	• 相关方登记册 • 项目管理计划更新 • 项目文件更新
	规划相关方参与	• 项目章程 • 项目管理计划 • 项目文件 • 协议 • 环境因素 • 支持性文件	• 专家判断 • 数据收集 • 数据分析 • 会议	• 相关方参与计划
	管理相关方参与	• 项目管理计划 • 项目文件 • 环境因素 • 支持性文件	• 专家判断 • 沟通技能 • 团队技能 • 会议	• 变更请求 • 项目管理计划更新 • 项目文件更新
职业健康、安全与环境管理	规划HSE管理	• 项目章程 • 项目管理计划 • 项目文件 • 环境因素 • 支持性文件	• 专家判断 • 数据收集 • 成本分析 • 会议	• HSE管理计划 • 项目管理计划更新 • 项目文件更新
	管理HSE	• 项目管理计划 • 项目文件 • 支持性文件	• 数据收集 • 数据分析 • 数据表现 • 审计 • HSE改进方法	• HSE报告 • 项目管理计划更新 • 项目文件更新
	控制HSE	• 项目管理计划 • 项目文件 • 环境因素 • 支持性文件	• 数据收集 • 数据分析 • 会议	• HSE控制结果 • 项目管理计划更新 • 项目文件更新

主要参考文献

[1] [美]Project Management Institute. 项目管理知识体系指南(PMBOK指南):第六版[M]. 北京:电子工业出版社,2018.

[2] [美]哈罗德·克兹纳. 项目管理:计划、进度和控制的系统方法:第12版[M]. 杨爱华,王丽珍,杨昌雯,等译. 北京:电子工业出版社,2018.

[3] [美]Project Management Institute. PMI道德规范和职业行为准则[S].

[4] 国际咨询工程师联合会,中国工程咨询协会. 客户/咨询工程师(单位)协议书(白皮书)指南:第2版[M]. 北京:机械工业出版社,2004.

[5] 全国咨询工程师(投资)职业资格考试参考教材编写委员会. 工程项目组织与管理[M]. 北京:中国统计出版社,2020.

[6] 全国一级建造师执业资格考试用书编写委员会. 建设工程法规及相关知识[M]. 北京:中国建筑工业出版社,2018.

[7] 全国一级建造师执业资格考试用书编写委员会. 建设工程项目管理[M]. 北京:中国建筑工业出版社,2018.